中華民國
在聯合國的最後日子

一九七一年台北接受雙重代表權之始末

◎涂成吉 著

【目次】

第一章　緒論

第一節　研究動機與目的

　　一九七一年十月二十五日，我國被迫退出聯合國，歷經二十餘年國際空間的壓縮孤立後，終於在一九九○年代掀起「參與聯合國熱潮」[1]，這一方面是有利的國際政治氣候配合，即蘇聯解體，美國降低對中共「制蘇」上的依賴；另一方面則當歸功國人長期勤奮努力下的經濟奇蹟及政治民主化，獲得了國際的肯定，鼓舞了國人對擴展國際空間及追求國際尊嚴的熱切，希望以進入聯合國取得國際認同，向國際社會宣示：中華民國是一願意承擔國際義務且愛好和平之主權國家。

　　為達到參與聯合國之目的，綜合朝野有識之士建議，不論是以「重返」方式的「一國一席」、「一國兩席」，或以「加入」為主之「兩個中國」及「一中一台」，基本上都是以兩岸「平行代表權」，並配合中國分裂、分治事實為主要思考架構；同時強調惟有務實彈性的作為及放棄傳統僵硬思維，方不致重蹈過往失敗覆轍。因此，台北政府自一九九三年，經友邦薩爾瓦多等七國，首次向第四十八屆聯合國總務委員會提案進入聯合國，迄二○○七年，已十五度扣關聯合國。審視歷次我國提案內容及主張，大致可整理如下：

---

[1]　為平衡外交與兩岸關係之政策，執政當局自始即強調「參與」聯合國，不明言「重返」或「加入」，以增加推動的彈性。引自胡志強〈我國加入聯合國策略之檢討〉，立法院公報，第八十七卷，第四十一期（台北：立法院，民 87 年 10 月 24 日），頁 325～327。

(一) 根據聯合國會籍普遍化原則及分裂國家在聯合國已建立的平行代表權模式，建議設立特別委員會，進行研究中華民國在國際體系特殊情況。

(二) 要求聯合國重新檢視2758號決議，剝奪了中華民國在台灣二千多萬人民參與聯合國權利，係一與當前國際現實脫節亦不符合國際正義原則的決議。

(三) 第五十三、五十四、五十五屆聯合國大會，中華民國政府提案內容，更明確宣稱「不再代表全中國，只尋求代表台灣二千三百萬人民。」，備忘錄中，中華民國在台灣與中華人民共和國並列，並指出：「中華民國參與聯合國，不會阻礙一個分治中國未來的統一，中華民國希望仿傚南、北韓模式，由兩岸領導人會面，共同解決未來一個中國的問題。」[2]

　　細觀此一內容可見政府當局已決意採取與海峽對岸並存的原則參與聯合國。更具體的說，外交部門並不傾向於透過以往「中國代表權問題」[3]零和競爭式之提案以取代中共在聯合國之席位，因為如此作法無異要求重新翻案聯合國2758號決議，將三十年前聯合國「誰是代表中國惟一合法政權？」問題再度提出；考慮現今我國在國際政治實力及情勢，此一「攤牌（showdown）」式選擇，也難以取得世界重要國家認同支持。一九九三年十二月外交部發表之外交白皮

---

[2] 中央通訊社編著，2001 年世界年鑑：外交與國防篇－我國參與聯合國提案情形比較（台北：正中書局，民 90 年），頁 126～127。

[3] 中國代表權，美國官方稱為"chi-rep" question 或 CHIREP。外文常用有 The Question of Chinese Participation in The United Nation 或 The Question of Representation of China in The Unite Nation 亦有簡稱 Chinese Participation in The United Nation。張有溢，聯合國中國代表權問題的演變始末，碩士論文（台北：國立政治大學政治研究所，民 64 年），頁 7。

書就明白體察指出：「在國家完成統一之前中華民國政府與中共政權同時並存，海峽兩岸『皆有權代表』雙方有效管轄範圍之中國人，參與國際社會之各項活動。」，而有趣的是現今決定將實際管轄權與代表權相互釐清的主張，不論實質內容與務實涵現，與三十年前美國為挽救我聯合國會籍，所設計之「雙重代表權」（Dual Representation）如出一轍。所不同者，如今痛快接受，卻已主客易位矣！

　　近代史上有關我國在聯合國最後會籍奮戰中，對「雙重代表權」的真實態度，向來是諱莫如深，到底國府是始終「漢賊不兩立」地抗拒？抑或全盤接受美國「兩國兩席」安排？加上當今國內政治情勢在入聯、返聯爭論激情之餘，對這段過往情勢，仍人云亦云，語焉不詳。因此，三十年前－一九七一年第二十六屆聯合國大會前，國民政府為保衛聯合國席位，最後決定接受美國所提出之「雙重代表權」的一段模糊美台關係史，是本文探索所在；除了我國與聯合國中國代表權問題的歷史爭議外，尤聚焦研究於台北當局對雙重代表案之真正態度，從陸續台灣國史館及美國國家安全檔案解密資料顯示：當時台北一群外交官員及政府高層對美方所擬之「雙重代表權」案從抗拒到最後接受的折衝過程中，所顯現的理性明快與忍辱負重，國民政府並非如一般人想像或正式對外公佈般地，那麼頑固堅持「寧為玉碎，不為瓦全」之立場，尤其非如一般政治人士批評謂聯合國之退出，全歸咎於蔣介石政府固執於「漢賊不兩立」、「台灣代表全中國」或「堅持一個中國」等虛妄神話作祟所致。[4]

---

[4]　總統府國策顧問陳隆志於民國 91 年 7 月 22 日在總統府國父紀念月會專題報告台灣與聯合國中指出：「一九七一年情勢逆轉，中華人民共和國在聯合國成為中國惟一合法政府……當時蔣介石強調的是『漢賊不兩立』、『一個中國』……這一切問題都是蔣介石造成的！因為他頑固拒絕『兩個中國』的建議。」See at http://www.president.gov.tw

　　在撫今追昔，重新出發，全國期盼參與聯合國的同時，本文目的即在研究一九七一年四月至十月底，我國在聯合國最後的這一段時間，台、美為保衛「中國聯大代表權」而採「雙重代表案」的交涉及妥協過程，重新認識國府當時在美國實質採行「兩個中國」政策下的務實作為，以確保我國在聯合國會籍並準備接國際現實的安排。而在「雙重代表權」案的構思與實踐過程中，台美的交涉與妥協是如何進行？中華民國政府對當時國際情勢變化，是否能適時掌握？是否能即時把握時勢的契機，維護國家的生存空間？當聯合國多數會員國希望中華民國接受雙重代表權的時候，我們是否錯失了最好機會？在美國秘密和中共進行交往的同時，中華民國是否為美國所出賣？將是本文內容探討重點。重新檢討這段美台關係的歷史具有重要的意義，也希望藉此一研究對未來我國國際地位爭取或兩岸和平發展，能有進一步的啟發與認識，冀收鑑往知來之效。

第二節　研究範圍與方法

　　本文研究範圍上，主要設定在一九七一年四月二十三日之「蔣、墨（Robert D. Murphy）會談」（A Conversation Between President Chiang Kai-shek and Mr. Robert D. Murphy）至十月二十五日交付聯合國大會表決期間，美國與國府為因應當年第二十六屆聯合國「中國代表權問題」的挑戰，而有美國主導及規劃下產出之「雙重代表」案的一段構思、交涉與實踐的過程。從近日我國史館及美國國家檔案局（National Archives and Records Administration, NARA）文件和美國國務院公開之『美國外交關係』（Foreign Relations of The United States, FRUS）解密資料對照中，清晰顯現了在這七個月的構思與折

衝關鍵過程中，我方外交官員如何在既要兼顧國策立場，也要顧全現實大局的考量下，與美方妥協的經過。從我國與美方解密資料相互比對，可見以下主要發展關鍵：

一、一九七〇年十一月二十四日蔣故總統痛心第二十五屆聯合國大會阿爾巴尼亞（排我納匪）案（Albanian Resolution）[5]首度取得多數會員國支持，當即下達今後聯合國中國代表全問題，我指導方針，乃堅持「漢賊不兩立」立場。

二、一九七一年一月十八日，尼克森政府完成『中美聯合國會籍問題全面研究』報告，建議「雙重代表案」之採用策略。

三、三月，美國派遣特使布朗首度向外交部政務次長楊西崑建議，今年聯合國大會有關「中國代表權」問題解決，美國希望中華民國與中華人民共和國同時並存聯合國，但我安理會席次須轉予中共，為我竣拒。

四、四月二十三日，墨菲（Robert D. Murphy）特使銜美國總統尼克森（Richard M. Nixon）之命與蔣故總統會晤時，繼續提出雙重代表權建議，惟安理會席次仍保留與中華民國，台美達成對「雙重代表權」的採納共識。

五、五月六～八日，沈劍虹大使在赴美履新途中與日本賀屋宣興國會議員與外相愛知揆一等三次會議記錄顯示：我政府已朝向接受墨菲版本之雙重代表案。

5　共產集團每年支持中共進入聯合國提案全銜是「恢復『中華人民共和國』在聯合國合法權利案」要求（一）立即驅逐所有聯合國及其機構現正「非法占有中國席位之國府蔣介石代表。」（二）邀請中華人民共和國派遣代表占有聯合國及其機構之席位，因此我政府稱之「排我納匪」案。慣例是案概由蘇聯提出，一九六三年起，因中蘇交惡改由阿爾巴尼亞領銜提案，故又名「阿爾巴尼亞」案。

六、五月十九日美國務院情報室主任克萊恩（Ray Cline）建議我國當接受雙重代表案留在聯合國，讓中共堅持「誓不兩立」之立場而拒絕入會，則仍可維持我「漢賊不兩立」情況。

七、五月二十九日，沈大使與美國務卿羅吉斯（William P. Rogers）會商記錄及七月一日沈在與季辛吉談話文件皆顯示：台美仍朝墨菲版雙重表案進行。

八、七月四日，我外交部部長周書楷呈　蔣故總統我今秋聯合國立場說帖，言明：接受雙重代表案，唯不涉及安理會席位退讓。並對蔣墨會後，美國遲遲不公佈立場，感到不耐。

九、七月十五日，尼克森召開記者會正式公佈季辛吉（Henry A. Kissinger）的密訪大陸並宣佈明年將正式訪問大陸，投下「中國代表權」最大變數。

十、七月十九日羅吉斯告知沈劍虹大使：我國必須放棄安理會席次，才有留在聯合國希望。

十一、七月二十三日，美駐華大使馬康衛（Walter P. McConaughy）企圖說服蔣經國副院長放棄安理會席位，以求全聯合國會籍，蔣經國仍堅持以墨菲版本為台美妥協共識。

十二、七月二十七日，周部長對「羅吉斯與沈劍虹大使會談報告」中有關我聯合國最後立場說明裏，正式揭示：準備接受美方一切條件，惟仍望美國支持保留我在安理會之席位。

十三、八月二日，美國發佈正式聲明支持雙重代表權，支持中共進入聯合國，對安理會席次決定將採默認態度。

十四、八月二十日，中共強烈抗議決不接受兩個中國安排。

十五、八月二十一日，北美司長錢復與美駐華大使館副館長來天惠（William Glysteen）會談中承認我外交部已正式接受雙重代表案。並因二十日中共強烈反對聲明，相信美中（季辛吉與周恩來）當無秘密協議，此時可說是台美雙方協商過程中最水乳交融時。

十六、九月十六日，對美台爭執不下的安理會席次，尼克森搶先聲明主張讓予中共，匆促定案，中美雙方決策互信及互動關係，再度惡化。

十七、九月十八日，總統府秘書長黃少谷電示我代表團，「倘判明（大會表決）無望通過時」，則不惜退出，決不受辱。

十八、十月五日，周部長聞季辛吉將再度往訪中國，求見羅吉斯。會商中，除評估季辛吉宣佈往訪時機影響，周、羅雙方竟相互質疑彼此執行雙重代表案之決心、誠意。

十九、十月二十五日，聯合國大會辯論終結，進行表決，重要問題（Important Question Resolution）案取得首案表決，阿爾巴尼亞案次之，雙重代表案排第三順位。當重要問題案以四票之差落敗，我代表團判大勢已去，只有憤而宣佈退出聯合國，阿案繼之以七十六比三十五通過，雙重代表案功敗垂成，連表決機會都沒有，中國代表權問題自此終於落幕。

從上述中美官方電報、文件、會議或談話記錄顯示，四月份，墨菲（Robert G. Murphy）特使銜美國總統尼克森（Richard M. Nixon）之命與蔣故總統會晤時，提出雙重代表權建議，惟安理會席次仍保留與中華民國，台美達成對「雙重代表權」的共識，我政府即能果決接受墨菲版之雙重代表案，反而是美國猶豫不決，另懷鬼胎；迄

　　七月十五日，尼克森召開記者會正式公佈季辛吉（Henry A. Kissinger）的密訪大陸，以「時間緊迫」「面對國際事實」強勢推銷布朗版之雙重代表案，要求我國不但接受中共進入聯合國，還需放棄安理會常任理事席次，羅吉斯告知沈劍虹大使：我國必須放棄安理會席次，才有留在聯合國希望，我方堅不退讓，使台美談判進入僵持。尼克森九月十六日逕行宣佈安理會常任理事席次當一併奉上中共，我不得已接受，方大勢底定。而從七月二十七日、八月二十一日及十月五日，台美談話文件中，更證實我政府在接受「雙重代表」案的靈活考量中，則「期待」中共堅持「誓不兩立」而拒絕入會的立場，不但可保全我聯合國會籍且依舊能維持「漢賊不兩立」的結果，儘管與公開國策不相符合。

　　本文研究方法擬以歷史文件（Documentary）途徑對聯合國會議紀錄、「兩蔣總統檔案」、美國國務院解密文件及國內、外歷史著作等相關之資料加以檢視，並輔以學者研究立說，希望能藉以了解當時「雙重代表權」案興起的背景、原因，俾深刻還原台美雙方當時在「雙」案的決定互動過程中，求同存異的一段史實研究。本文取材尤倚重國史館珍藏解禁之『蔣中正總統檔案』中有關的文電，更重要的是『蔣經國總統檔案』中有關聯合國中國代表權問題，各項有關台美和台日高層會商的報告和會談記錄，有助我們對這段中美關係史實的還原。外交部所編中華民國出席聯合國大會歷屆常會代表團報告書，『外交部公報』和『外交部週報』，也是主要依據。兼採當時報紙期刊的評論和專文，周書楷、錢復的談話記錄及沈劍虹、薛毓麒、陸以正、魯斯克（Dean Rusk）、季辛吉及尼克森個人回憶錄等相關報導與研究，以足成史事始末及相互論證。

第三節　研究限制與章節簡介

　　本書研究上，僅限於美、台兩國之官方資料、研究著作或當事人見證有關雙重代表案的構思與交涉，有關中共在「雙」案研究策略上，將不在本文研究範疇，而是純粹以台美兩國立場角度，研究雙重代表案挽救我國在聯合國席位的接受度與可行性的交涉過程，俾還原我國在聯合國最後一段時期的台美關係歷史真相。

　　另外在研究資料上，由於本論文主題事涉當年我國政策宣示，多年來官方說法一直諱莫如深，相關當事人對此也不願再多作回憶，因此國內圖書資料的相關資訊自不可多得；所幸國史館近期資料解密，使筆者得以整理還原此一歷史片段過程。至於美國務院的解禁材料由於僅至一九六八年，尼克森時代官方紀錄仍付闕如的困難，幸賴聯合報資深駐華府特派員王景弘先生補強提供了蔣墨會談紀要與尼克森政府之雙重代表案的原始研究設計報告等極密可貴文件及對筆者的提示及鼓勵，對本書之完成給予了相當助益，在此特別致謝。

　　本書全文將分五章，除了第一章緒論，其餘章節安排如下：

第二章　雙重代表權之歷史背景：

　　本章節將從：（一）美國歷年在聯合國處理「中國代表權問題」的策略演變和（二）美國對華「兩個中國」政策下，雙重代表案的構想及孕育發展。分析雙重代表案的滋生背景、過程。

　　本文首節**美國在聯合國中國代表權問題策略之演變**：一九四九年十月中共建交，在中國分裂狀態下策略為之因應：（一）、拖延策略：一九五○年美國設計聯合國第四九○號「誰應代表中國出席

大會議題」案及緩議案，將有關中國代表問題提案逕付一特別專門委員會研究後再議。（二）、重要問題案：一九六一年因外蒙古入會案，我否決權行使將牽涉到聯合國法語系非洲國家投票背向，台美重新擬議，改採聯合國憲章第十八條第二款決議：「凡重要問題需2/3會員國同意。」應用到阿爾巴尼亞案，排除中華民國會員國提案之票數門檻要求上。（三）、勢不可為：拖延不是解決的態度，而重要案策略旨在拉高票數門檻，但兩者都不是徹底解決中共在國際日益強大地位及聯合國票數緊逼壓力下的實際政策辦法，一九七○年第二十五屆聯大示警，中共進入聯合國已是無法抵擋，「雙重代表」案，乃圖窮而匕首現。

　　次節為**雙重代表案在美國兩個中國政策下之演進**：敘述美國採行「兩個中國」對華政策與在聯合國處理「中國代表權」問題之平行發展，說明兩中戰略下的延伸性產物－雙重代表案。文分（一）杜魯門政府首先採取觀望曖昧態度，聲明「臺灣地位未定」論，創造兩個中國的模糊狀態，相對配合在聯合國，就是運作緩議案及拖延策略將臺灣地位擱置，卑屈以待中共改變態度。（二）艾森豪時代：採杜勒斯（John Foster Dulles）建議以美台共同防禦條約栓住蔣介石反攻大陸，將金馬外島分割，默示台、澎構成獨立主權地區，建立實質兩個中國狀態，撥下聯合國兩岸雙重代表政策種子。（三）甘迺迪、詹森政府：宣佈「圍堵卻不孤立」中共，使六○年代雙重代表權進入可行性階段，魯斯克於一九六六年支持美駐聯合國大使高德柏（Arthur Goldburg）建議，採納加拿大所提雙重代表案及義大利「研究委員會」案於當年聯大，首度企圖執行『雙重代表』案，終因中共爆發文化大革命，國際對中共情勢不明顧慮下而受阻。

第三章　我國接受雙重代表權之始末：

首節為**雙重代表案在尼克森對華政策下之構思**：雙重代表案終於到尼克森時代付諸實施，但實質內容已完全與艾森豪、甘迺迪、詹森政府時之主張全然迥異，尼克森思考下的兩中政策是以中共建交為優先，至於在聯合國問題立場則是從原先防堵中共進入，變成反對排除我國聯合國會員資格，雙重代表案淪落成掩護美中（共）秘密建交工具，與前任政府做法、目的完全是南轅北轍。本節三部分敘述：（一）尼克森到「新尼克森」政治心路分析，彰顯其投機性格。（二）尼克森向一中（共）傾斜的兩中政策原因分析（三）「雙重代表」案在尼克森時代的執行內容與設計。

次節及三節為**美台雙重代表案之交涉與定案過程**：一九七〇年十一月蔣總統中正下達「漢賊不兩立」為未來我聯合國代表問題最高指導原則，但四月底尼克森派墨菲特使與蔣議定「雙重代表」案後，此一原則旋被放棄，隨後台美交涉重心，依資料顯示，早不在我政府接受雙重代表案與否，美台高層之關鍵爭執在於國府只願予中共一般會員國權利；安理會席位上，國府是堅持不讓，抗拒到底的。

有關台美交涉、折衝雙重代表案過程，初始，美國計畫支持中共入會但臺灣在聯合國會員資格及安理會席位不變，七月十五日季辛吉密訪大陸後，美國修正計畫，要求國府再退讓，將安理會席次交給中共，以確保會籍。因此本文以尼克森七月十五日公開與北京政府秘密交往前後為準，文分兩段轉折析述：第一階段是以四月份蔣墨會談後的**「單純雙重代表案」（不涉及我安理會席位）**構成我與美、日協商的進行路線。第二階段則是七月十五日，尼克森宣佈訪問大陸後，美國堅持以一支持中共入會且佔有安理會席位，但不

排除我於聯合國外之**「複雜雙重代表案」（由中共取代我安理會席位）**為交涉中心。基本上我方談判目標，重要問題案一定要提出，再配合單純之雙重代表案，一定要捍衛住安理會席次；無奈，最終台美達成的策略是以一**「變相重要問題案」（1/2簡單多數支持中共入會但排除中華民國仍受重要問題限制必需2/3票數）**搭配**「複雜雙重代表案」**，國府失望下只有放棄安理會席次。

第四章　雙重代表案失敗原因：

探究雙重代表案的失敗原因，與其一昧歸諸於國際，實不如反求諸己較為根本，雙重代表案失敗，最關鍵因素可分三點：（一）、六〇年代契機的錯失：我未能掌握六〇年代國際情勢，當雙重代表案已成長為國際多數選擇，美蘇也分別予以支持及沉默中立，我未能掌握契機，當機立斷，靈活運用。（二）、季辛吉的兩手策略：尼、季暗渡陳倉，一再媚共，態度搖擺，混淆國際視聽，聯大會員國自然心領神會美國意圖。（三）國府受制國策立場，不能放棄重要問題案，表裡如一支持雙重代表案，公開號召，奮力一博，以動國際視聽。

第五章　我國現今平行代表權之主張與作為：

一九九三年我政府正式宣佈將重新「參與聯合國」，而具體主張就是提出在不挑戰中共現有席位，希望兩岸仿兩德、兩韓分裂國家「平行代表權」模式，理論內容及策略方法一如三十年前雙重代表權。首節將敘述、比較我官方開始參與聯合國之過程及「平行代表權」之主張原則，實在是「雙重代表權」內容之再現。次節則分析參與聯合國模式中一國兩席亦即平行代表權是最符合當前參與選

項，另析述我國申請策略與目標。末節則說明現今美國對我國重返聯合國的政策與立場，其中一九九四年「臺灣政策檢討」（Taiwan Policy Review）訂下不支持我國加入以國家為單位之國際組織立場及柯林頓總統「新三不」（New Three Nos）再次強調此一原則最為影響。

第六章　結論

　　「雙重代表」案最基本意義，就是兩岸不能一直昧於面對中國已經分裂的事實。中共外長錢其琛謂：大陸與臺灣都是中國一部分，就是接受事實的極大進步。只有回歸事實，並認識兩岸進入聯合國並不有礙統一大業，如東、西德或南、北韓，才有達成兩岸和平的契機。當年，國府主張臺灣代表全中國而被譏之神話，如今中共宣稱統有臺灣為其一省又何異另一神話？如果當時兩岸能以事實為前提，勇於突破，經由聯合國共存建力互信交流，三十年後，兩岸現在也許已是另一番光景不定？念諸本段歷史，實值得日後迫切和平解決兩岸人士者深思。

第二章　雙重代表權之歷史背景

　　一九五〇年韓戰爆發，打亂了杜魯門原先準備放棄台灣承認中共的計畫。在冷戰反共意識型態架構下，美國只有決定重新支持國民政府；但在現實政治的需求下，美國自杜魯門政府以至尼克森也從沒放棄與中共修好，建立關係的企圖。影響所及，美國在面對每年聯合國大會「中國代表權」問題表決時，基本上，是以冷戰反共精神為方針，一貫以阻止中共入會為目的；但同時，美國政府在兩個中國政策指導下，相信兩岸並存於聯合國的政策才是真正解決中國代表權問題的方法，直到七二年二月尼克森接受上海公報「一個中國」原則前，美國一直維持這一組既平行又矛盾的對華行徑路線的分裂操作。

　　因此，在冷戰要求下，美國固然承認台北是代表中國惟一合法政府；然而在現實需要中又必須與北京發展關係下，導致形成美國「兩個中國」政策，而「雙重代表權」也自成了「兩個中國」政策下的必然發生結果。

　　本章有關雙重代表權衍生背景介紹是以一九七一年前，冷戰反共氣候籠罩下，美國因應聯合國中國代表權問題政策，是僵硬的以阻撓中共入會為目標，而設計一系列「抵制」策略，直到勢不可為，「雙重代表案」於焉滋生之演變過程；另則分析美國自杜魯門以迄詹森政府在處理中國代表權問題時，如何受兩個中國政策的主導，說明「雙重代表權」其來有自的孕育及實驗。

第一節　美國在聯合國中國代表權問題策略之演變

　　一九四五年六月，聯合國成立大會在舊金山召開，中華民國代表團在團長顧維鈞領銜之下，率代表王寵惠、張君勱、魏道明、李璜及中國共產黨代表董必武等與會並簽署聯合國憲章，正式成為聯合國成員；聯合國憲章第二十三條更明定中華民國是聯合國創始會員國及安理會常任理事國，理論上，中國在聯合國代表權或會籍當毫無疑議，問題是一九四九年十月一日中共成立，中國頓時形成分裂狀態，台北與北京兩個政權不但成立且都主張是中國惟一的合法正統，因此到底該由台海那一邊來代表行使中國在聯合國內的職權，便成了爭議，這就是所謂聯合國中國代表權問題的起由。此一代表權問題在我國二十七年聯合國歲月中，與中共纏鬥即達二十二年之久，方才塵埃落定。期間面對中共共產黨集團不斷挑戰，美國也不停見招拆招，先後運作了「緩議案」、「重要問題案」及最後「雙重代表權」企圖保存我會籍。也因此，中國代表權問題經過十年緩議階段和十年重要問題案運作，方使我國得以屢次驚險「過關」，維護聯合國席位，直到一九七一年第二十六屆聯大關鍵性「雙重代表權案」的一決而易位。

　　一九四九年十一月十五日，中共外長周恩來致電聯合國祕書長賴依（Trygve Lie）謂：「新中國政府成立，中華民國沒有資格代表中國，並要求驅逐國民政府在聯合國代表。」十一月二十五日，蘇聯代表維辛斯基（Andrey Vyshinsky）在聯合國大會政治委員會討論我國所提控蘇案時，主張「排我納匪」發言，否認以蔣廷黻為首的中華民國代表團，開啟中國代表權誰屬爭議，中國代表權問題自此浮上檯面。

　　賴依本人基本上傾向中共入會，從賴依對中國代表權問題所發表之「聯合國代表問題法律方面備忘錄」中說到：「把承認與否和代表權問題混在一起，就實際觀點而言，是一項不幸；中國代表權決定不應是國民黨和共產黨孰好孰壞的問題。」[1]賴依立場自為美國不喜且我國代表團授權證書早已審查通過，聯合國僅回以此函來自非聯合國會員國，依慣例只能把該電報列入非政府組織及非會員國表冊中審查，結案了事。[2]然而賴依之「畢竟中共新政權事實上已支配了絕大部分的中國領土及人民，應有在聯合國代表這些人民的權利。」理論，亦成為日後中共加入聯合國有力引用基礎。

　　隔年，一九五〇年元月八日，周恩來再度致電聯合國，主張將「中國國民黨反動殘餘的代表」自安理會開除，同時新政權已任命駐聯合國代表[3]，希望聯大給予必要協助等語。為配合中共驅逐中華民國代表，蘇聯代表馬立克（Y. A. Malik）於元月十日安理會議中，提案：「拒絕承認中華民國代表人員的授權證書，並堅持國民政府代表應立即自安理會逐出。」由於適逢我聯合國代表蔣廷黻輪值主席，決議將蘇聯此一提案交付特別會議討論，並以八比二票表決通過，馬立克憤而退席。但畢竟蘇聯的缺席，使安理會的運做無法實質圓滿，尤其是裁軍會商將無效果。十三日，在英、美妥協下，還是讓蘇聯所提中國代表權排我納匪案交付安理會表決，蔣廷黻且因

---

[1]　朱健民，〈確保我在聯合國的合法地位～十四年的苦鬥經過〉（台北：國立政治大學學報第九期，民 53 年），頁 77～78。我國前駐聯合國副代表芮正皋將賴依此一「聯合國會員國贊同某國加入國際組織並不構成對該國承認的法律行為或是建立外交關係的意圖。」亦即某國加入聯合國或國際組織與承認國家多寡無關之論點，在國際法上，稱之「賴依學說」（Doctrine Lie）。See website at http://www.inpr.org.tw

[2]　王杏芳，中國與聯合國（北京：世界知識出版社，1995 年），頁 29。

[3]　中共政府正式命令張聞天為聯合國大會及安理會首席代表，冀朝鼎為經濟及社會理事會代表，孟用潛為託管理事會代表。

當事國身份迴避主席乙職，改由古巴代表擔任，結果蘇聯提案以三票贊成，六票反對，兩票棄權，仍敗下陣來，馬立克再度憤而離席。這次票決也是聯合國官方對中國代表權首次表決記錄。[4]

安理會的敗陣，戰場繼續轉進到聯合國大會，一九五〇年九月十九日，第五屆常會在紐約開幕，在大會主席尚未選舉之前，蘇聯代表維辛斯基，迫不及待提出驅逐我國代表及邀請中共入會兩項草案。印度代表甚且主張應按「開羅宣言」，將台灣交還合法代表中國之中華人民共和國。至此，面對共產勢力不斷的提案挑戰，誰應代表中國出席聯合國大會？美國態度至為關鍵，在不願見共產集團中、蘇在聯合國，尤其在安理會勢力結合考量下，加上此時韓戰方酣，中共被聯合國更譴責是侵略擴張者情況下，美國也只有先支持台灣國府政權，而有美國拖延計策產生。

整個五〇年代，美國為了維持國府在聯合國席位，對中國代表權問題所採取之「緩議」（moratorium）對策，依照當時任職美國國務院，同時也是此一策略發明人的魯斯克（Dean Rusk）在其著作『自由之風』（The Winds of Freedom）自述裏，基本認為就是一個「拖」字訣。（*"We will not consider this question until next year."*）[5]

依是年的聯大全體會議上，由美國所主導，交加拿大提案及澳洲修正之第四九〇號決議「誰應代表中國出席大會議題」就是這個拖延戰術實際運作的設計，該案建議：

> 「由大會設置一個經主席推薦及大會認可之七名委員，組
> 成一特別委員會，就誰應代表中國出席問題加以審議並且

---

[4] 賴維中，中國遊說團與中國代表權問題（台北：淡江大學美國研究所碩士論文，民 86 年），頁 13。

[5] Dean Rusk, The Winds of Freedom（Boston: Beacon Press, 1963），p.217。

　　向大會提出建議報告。在大會就該特別委員會之報告書有
　　所決定前，中國國民政代表仍應出席大會，其權利與其他
　　代表所享有者同。」

大會旋即將本案分兩部分先後表決，結果以三十八對六票及四十二
對八票懸殊比數通過，並於該年十二月選出加拿大、厄瓜多爾、印
度、波蘭、伊拉克、墨西哥、菲律賓七國組成「中國代表權誰屬問
題特別委員會」。十二月十五日，首次會議以四比一票通過菲律賓
提案：「在中共未撤兵韓國之前，有關中國代表權案，應暫與擱置。」

　　隔年，十一月五日，該委員會主席向大會提出結論報告：「在
目前情況下，本委員會對中國代表問題，未能做任何建議。」[6]而大
會也通過決議，僅表示「閱悉」了該委員會報告書，就不見下文。
配合此一委員會刻意的不作為，自一九五一年第六屆常會起，美國
再設計「緩議」案，該年交由泰國提出：「在第六屆聯合國大會期
間，任何排除中華民國代表或容納中共的提議，不予列入議程。」
並以三十七比十一票及四票棄權通過。[7]

　　整個五○年代，美國就是循此模式：一面將中國代表問題交給
該委員會審議討論寫報告；而在此不作為期間，只要一有國家代表
在聯大把中國代表問題以程序事項提出，美國立即提出「延期緩議」
案回應，且優先表決通過，主張該屆常會不予討論中國代表權問題。
一九五一年第五屆常會至一九六○年第十五屆常會蘇聯與印度所提
出之「恢復中共在聯大權利」案，就還沒交付表決前，就為「緩議」
案封殺。此一計劃成功使國府取得十年喘息時間，讓原先設計「緩
議」案，料想只能拖個四年或五年的當時美國遠東事務次卿魯斯克

---

[6]　外交部，外交部週報，第二十九期（台北：外交部，民 40 年），頁 1。
[7]　中央日報，民 40 年 11 月 15 日、17 日，版一。

亦感意外。[8]究其實以一九五〇年美國超強實力及當時我與中共在聯合國會員國邦交承認國比數上四十三比十六的優勢，雖然「緩議」案自然無往不利，然而仍不經時間的考驗。

緩議方式行至一九六〇年，逐漸不支。首先，聯合國會員國數目從六十國增加到九十九國，新入會國幾全來自亞、非第三世界，僅當年十七國新加入會員國中，十六國就來自非洲，美蘇兩大超強為爭取亞非新興國家支持，皆接受其入會要求，故一九五五年起，為維持權力平衡，美、蘇開始入會整批交易，聯合國會籍標準由選擇性變成普遍性原則。其次，「緩議」案以「多數暴力」排除中國代表權議題的討論空間，在聯合國內也引起越來越多議論，畢竟國際現實中一些牽涉到國際和平及安全的事項，少了中共參與，確實無法真正解決。因此中國代表權問題不只是一個程序問題，已是一個重大而迫切的實質問題，會員國要求充分討論此問題的情緒也與日俱增。這種情緒也反映在「緩議案」會員國支持票數的逐年遞減上（參見表一），以一九五二年緩議案獲勝差距最大的四十二：七計算，一九五八年拉近到四十四：二十八，反對票成長近四倍，到一九六〇年，更追到四十二：三十四，僅八票之差，反對票成長進五倍，而支持票依舊不變。

一九六一年美國總統甘迺迪就任，是年聯合國大會的美蘇會員國入會交易，由於事涉外蒙古加入，我國揚言不惜動用否決權，然外蒙入會與否又牽涉到親美茅利塔尼亞等七國入會的成敗，如台北行使否決權而導致茅等七國受蘇聯否決權報復，無法進入聯合國，聯合國內十一國非洲法語系會員將歸咎於台北，而影響到聯合國投票支持台北之向背。

8　Dean Rusk, As I Saw It (New York: W.W. Norton & Company, 1990), p.283。

表一　一九五○年～六○年聯合國歷屆大會表決美國「緩議」案統計表

年代	支持	反對	棄權
1950	38	10	8
1951	37	11	4
1952	**42**	**7**	**11**
1953	44	10	2
1954	43	11	6
1955	42	12	8
1956	47	24	7
1957	47	27	9
1958	**44**	**28**	**9**
1959	44	28	9
1960	**42**	**34**	**22**

資料來源：王杏芳，中國與聯合國（北京：世界知識出版社，1995年），頁35～36。

　　在中國代表權票數緊逼的壓力下，美國不但希望我放棄外蒙否決權行使，也力主放棄行之既久的緩議案，但台北自始無法接受美國承認外蒙，視外蒙案為中共入會先聲，更反對放棄「緩議」案，揚言不惜動用否決權，六月九日，蔣故總統致美國副總統詹森信中，認為「美國欲予外蒙古外交承認不但是在全球反共鬥爭中的退怯，也是為未來『兩個中國』安排鋪路。」，甚以取消蔣經國原訂訪美行程，表達嚴重抗議，七月五日美國亦甚召回大使莊萊德（Everett Drumright），台美關係進入一九四九年以來最大岐見與低潮。甘迺迪為緩和緊張，乃於七月十四日，親電　蔣故總統保證支持中華民國立場決心決不改變，請求恢復蔣經國訪美計畫，繼續兩國對此案

的溝通與諒解。[9]國府方改派副總統陳誠親赴美國共謀對策。在八月二日早上八點與國務卿魯斯克早餐會商中，魯卿－先前緩議案拖延策略的設計人－即告以：

> 「估計票數結果，緩議確已無法使用。為確保我國在聯合國代表權，美方已擬定初步計畫為設法使大會認中國代表權案為重要問題，應依照憲章第十八條第二項規定，即需三分之二票數之贊可，始能成立決議案。」

十時，陳誠轉與甘迺迪會晤，甘迺迪聲明：

> 「為維持我代表權而設計之重要案希予支持；並保證外蒙入會決非承認北京之先聲；美國已決定擱置與外蒙建交。」

希望以此承諾，取得我答應協助外蒙入會及改採重要問題案。[10]

八月十八日，我駐義大利使于焌吉密電外交部，傳達美、日、義及英國商議結論：

> 「今年形勢惡劣，緩議方式不妥，實非上策，務須另覓策略，建採引用十八條二款確定更改我代表權乃一重要問題。」[11]

我政府在此國際友邦壓力下，為確保會籍真正無慮，決定以美國政府確保我日後聯合國席位無虞，甚至否決權使用的承諾，換取

9　FRUS, 1961-1963, Vol.XXII, China, p.95。

10　〈副總統陳誠自華盛頓致總統蔣中正未東電〉（民 50 年 8 月 2 日），《忠勤檔案》，檔號 3010.82/5044.01-55，「中美」，編號十，《蔣總統經國檔案》，國史館藏。

11　〈駐義大利大使于焌吉外交部電〉（民 50 年 8 月 18 日），〈特交檔案分類資料〉，「外交：對聯合國外交」，第十八卷，編號，《蔣中正總統檔案》，國史館藏。

台北放棄緩議案的繼續。終於在十月五日，蔣故總統電示駐美大使
葉公超對蒙古入會案最後方針：

> 「因一般認為今年不反對外蒙入會，明年共匪即可入會，
> 美國政府能公開保證，以一切方法在聯合國維我排匪，包
> 括必要時在安理會使用否決權，則我對外不用否決權始可
> 進行……」[12]

經甘氏承諾此一最後條件，我外長沈昌煥於十一月二十一日文電中
表明：

> 「外蒙入會，將不作否決權之準備……確保聯合國席位乃
> 為我最大目的。……，對於著有成效之緩議案，美國既已
> 決心放棄，我方只得勉強同意，支持重要案……」[13]

在接受美國日後不惜以否決權保障我聯合國會籍的保證下，我
方同意不否決外蒙入會，放棄緩議案，改採重要問題案安排；我國
聯合國會籍保衛戰也開始進入第二階段。

終於一九六一年十二月一日第十六屆聯合國大會召開時，紐西
蘭代表首先提出把「中國代表權問題」列入大會議程；緊接著，蘇
聯代表也提出將「恢復中華人民共和國合法權利」列入大會議程，
這兩案先後經聯合國總務委員會及大會通過，使中國代表權問題首
度進入聯合國大會正式議程，也等於是宣佈五〇年代來拖延戰略的
結束，中國代表權問題勢將年年列入聯大議程作全面討論。因應此

---

[12] 〈總統府祕書長張群自臺北致華盛頓駐美大使葉公超西微電〉（民50年10
月8日），編號50000511，《特交文電》，「領袖事功部：柒、領導革命外交
我與聯合國」，《蔣中正總統檔案》，國史館藏。
[13] 外交部情報司編，沈部長昌煥言論選集（臺北：外交部情報司，民55年），
頁35～59。

一局面，美國也按照計畫，啟動準備好的重要案策略來達到阻撓中共進入聯合國目的，其過程手法：首先，援引一九五〇年十二月聯大關於「聯合國承認會員國代表全問題」的第三九六號決議案作為基礎：**「凡遇主張有權代表某一會員國出席聯合國『非只一方』，而該問題又形成聯合國爭執之焦點則此問題應依憲章宗旨原則，加以審議。」**美國接著再從「憲章宗旨原則」中，找到憲章第十八條第二款加以運用，該條規定：**「會員國權利的停止，會員國的除名都屬於重要問題」**，而**「大會對於重要問題之決議應以到會及投票之會員國三分之二多數決定之。」**據此，美國聯合了澳大利亞、哥倫比亞、義大利、日本提出所謂「重要問題」案，最後大會以六十一票贊成，三十四票反對，七票棄權，通過美國提案而蘇聯「恢復中共在聯合國合法權利」案則以三十七票同意，四十八票反對，十九棄權，遭到大會否決。此即為聯合國一六六八號決議文：「任何改變中國代表權之提案為一重要問題。」[14]開啟日後連續十屆大會，美國面對中國代表權問題之應付模式。

從一九六一年到一九七〇年，這項以重要案要求三分之二絕對多數決的新招是無往不利。根據這個招數擬定策略是：只要「恢復中共合法」案提出，美國就和盟國提出「重要問題」案，目的就是要把中國代表權的決議或北京取代台北席位的表決票，提高到三分之二的超高門檻；以當時情況而言，由於美國在聯合國影響力，支持中共入會要得到一個簡單多數已屬不易，遑論三分之二多數通過。並且，美國依舊重施五〇年代故技，「重要」案總是優先順序表決，一旦通過，無異宣佈蘇聯提案胎死腹中，如此十年依樣畫葫蘆，台北聯大席位就這樣維持下去。

---

[14]　引自王杏芳，中國與聯合國，頁 34。

　　但重要問題策略一九七〇年仍告失守，原因之一歸咎於國府與美國在國際宣傳上無法提出具說服力的理論用以合理化其策略作為，反落人刻意阻撓、忽視之口實。國際理解上，美國手法是緩議案「二分之一多數」不堪運用後，企圖再以「重要案」製造「三分之二的絕對多數暴力」，完全是冷戰僵硬思維下政治手段的霸權操作。

　　在理論邏輯上，美將三九六號決議援作憲章第十八條以「會員國為限」之引用基礎，難免不無疑義、矛盾；一九五〇年三九六號決議內涵中「一會員國中非只一方」，其實乃「一國兩府」解釋，目的是希望用以解決會員國發生分裂政權辦法；況且，美國雖以憲章第十八條重要問題作為處理中國代表權問題依據，但考諸聯合國憲章上「重要問題」意指「會員國的加入，會員國的停權及會員國的開除」問題為限，美對第十八條重要問題的引用，其實是把中共及國府定位為「兩國兩府」的假設，所以才有按三分之二多數決一面處理中共會員國加入及是否開除中華民國會員國的設計，與三九六號決議精神實在不搭，何況中共與國府都不承認有兩個中國，彼此都認定只有一個中國；反而是蘇聯議案的論點在解釋這個一個代表權「非只一方」上較切合實際與邏輯；也就是中國代表權的問題，不過是新、舊政權交替，當單純由大會依簡單多數決來接受哪一方授權證書即可，這也符合聯合國以往慣例處理捷克、匈牙利、葉門、伊拉克、剛果等政權更迭，否則，發生在其他國家是證書問題，發生在中國就是重要問題，理論上也說不過去。

　　國際現實上，分析聯合國「重要問題」案的投票比數消長上，至七〇年，雖然都能維持「重要問題」程序上成案，一九六一年「重要問題」案表決是六十一：三十四，一九六五年變成五十六：四十九至七〇年則是六十六：五十二，但支持「中共入會」之「阿爾巴

尼亞」案，卻是不斷漲停（參見表二），清楚反映出逆境形勢，一九六一年表決結果是三十六：四十八，一九六五年雙方四十七：四十七平手，贊成與反對票數已經一樣，到一九七〇年十一月二十日第二十五屆聯大上，最後表決結果五十一：四十九，首次聯大支持中共贊成票超過反對票，幸虧先前重要案通過，維持了三分之二多數決的門檻，否則國府席位提前不保。由於在阿爾巴尼亞案表決失去過半數會員支持，這也暗示下屆通過重要案「程序」上所需之二分之一票數已不可得，意謂著美國勢必得另覓他法。

表二　一九六一年～七〇年聯合國大會表決「阿爾巴尼亞案」統計表

年代	支持	反對	棄權
1961	36	48	20
1962	42	56	12
1963	41	57	12
1965	**47**	**47**	**20**
1966	46	57	17
1967	45	59	16
1968	44	58	23
1969	48	56	21
1970	**51**	**49**	**25**

資料來源：王杏芳，中國與聯合國（北京：世界知識出版社，1995年），頁36。一九六四年由於中蘇衝突，加上美國以蘇聯積欠聯合國費用等爭議致當年沒有討論中國代表權問題。

除投票變遷的示警外，一九七〇年中國代表權的潰敗，以下國際形勢發展也互為因果地大事助長七〇年「匪炎」趨勢，更說明「重要問題案」的勢不可為：

(一) 第三世界不結盟國家元首會議，於一九七○年聯大召開前夕，在尚比亞首都舉行，多數與會國家主張中共入會，促成該會議聯合聲明：「集體支持中共一九七○年大會上進入聯合國。」致使出席或列席該項會議之非洲及拉丁美洲友我國家，動搖助我立場。

(二) 適逢聯合國二十五週年紀念大會，共產及親中共國家，藉機標榜「會籍普遍化」原則，中立國家亦隨聲附和。

(三) 加拿大、赤道幾內亞及義大利相繼在大會期間與北京建交，觸發若干西方及亞非國家效尤之意念，影響其對我代表權之立場。

(四) 蘇俄在本屆大會一反近年之沉默態度，發表強烈支持中共入會言論，法國本年助匪態度亦較積極，向法語系非洲國家進行遊說或施用壓力，以致動搖少數非洲友邦助我立場。

(五) 聯合國之中、小會員國，對所謂超級國家把持世界事務，普遍不滿，形成「反大國」之潛在意識，此等國家懷有擁護中共入會，藉以抗衡美、俄之幻想，故易受親中共國家之蠱惑。

(六) 中共對外活動甚頻，除在當屆聯大期間與加、義等國建交外，並對西方國家施以親善攻勢，或對亞、非國家施以利誘。

　　至於態度關鍵的美國對中共態度漸形軟化，引起若干友邦不安，加以此次美代表菲立普參加我代表權總辯論時之發言，不但盼中共國際上擔任建設性的角色，抑表示與中共謀求更多接觸之願望。同時美方聲明中，並未強調反對其入會，影響所及，致聯合國內外咸以美國已不堅持拒中共入會，而正式試行「兩個中國」政策。按統計顯示，一九七○年當屆聯合國大會投票中，高達十九個與我

有邦交關係國，就以反對、棄權或缺席方式以迴避對我支持。[15]投票結束後，美國聯大代表菲立普與我代表魏道明、劉鍇、楊西崑、薛毓麒暗示：「假如情勢對貴國不樂觀，美國願意設計一套既能保障貴國席位，又能擊敗阿爾巴尼亞提案，即使屆時中共入會對貴國也不致影響。」可見美國已意識重要問題案終將不守，準備接受中共入會事實，並試探我方對雙重代表案態度，對於美方的暗示，我方基於嚴正立場，楊西崑次長立予駁斥任何兩個中國安排計畫，我方無法接受。[16]

但是國際親共日熾，隔年一九七一年三月底科威特與我斷交，四月三日喀麥隆跟進，四月十日爆發釣魚台事件，上半年與中共建交陸續增加達十五國，[17]眼見外交情勢日蹙，國府在國內「革新保台」壓力下，換下年邁外交部長魏道明，依據美國國務院一九七一年三月十八日與季辛吉一份備忘錄指出「國府自去年聯合國大會失利後，即不斷受缺乏衝勁、想像力及無力應付新挑戰的批評，這些事實可能終於使蔣介石認為作此人事調整可以改善政府形象。」美國似乎相信，轉由較具務實、不堅持意識形態的周書楷繼任，將意味台灣「彈性外交」的開始，準備為聯合國席次保衛作最後一戰。[18]

15 〈總統府秘書長張群呈〉（民 59 年 12 月 1 日），檔號 D2229，「聯合國案」，第二冊，《蔣經國總統檔案》，國史館藏。
16 賴樹明，薛毓麒傳：走過聯合國的日子（台北：希代，民 84 年），頁 184。
17 前揭書，頁 186～187。
18 王景弘，《採訪歷史－從華府檔案看台灣》（台北：遠流出版社，民 89 年），頁 396～397。

第二節　雙重代表案在美國兩個中國政策下之演進

　　儘管美國從未承認，但事實上，美國在一九七二年二月二十八日正式簽署尼、周「上海公報」接受「一個中國」原則以前，美國對華係完全「隱性」執行兩個中國政策，[19]反映在聯合國問題上，「雙重代表」案就是此一政策的延伸性產物，直到一九七一年，我聯合國會籍最危急之時，方才圖窮而匕首現。

　　固然冷戰意識形態影響美國對聯合國中國代表權問題的處理態度，但同時，美國歷任政府在聯合國中國代表權問題上的作為，仍穩定的接受兩個中國政策的指導，從未放棄兩岸「雙重代表權」的構想，兩者互為表裏，有極高的一致性。因此，關於美國在七〇年代以前的「兩個中國」政策發展與「中國代表權問題」處理互動下，雙重代表案之衍生歷程，將是本節背景了解重點。

　　一九四九年一月二十一日蔣介石下野，中國內戰進入尾聲，國府註定失敗命運，二月二十四日國務卿艾契遜（Dean Acheson）發表塵埃落定談話表示：「台灣將隨時落入中共之手，台灣對美國沒有特別軍事重要性。」八月五日，國務院發表白皮書，將中國之失敗，完全歸咎於國府腐敗與無能，一九五〇年一月杜魯門更總結對台問題態度：「根據開羅宣言及波茨坦宣言，美國接受中國對台灣主權，決不介入中國內戰，更不提供任何軍事援助與國府軍隊。」一周後，艾契遜發表一篇名為「亞洲的危機」演說，進一步剔除台灣於美國西太平洋防線之外。綜上簡述可見：美國當時對國府完全採取「袖手」政策，只想撇清關係，靜待國府塵埃落地，自我了斷後，接受中共代表中國事實。

---

[19] 張亞中、孫國祥，美國的中國政策—圍堵、交往、戰略伙伴（台北：生智出版社，民 88 年），頁 59。

同時，對照於美國在聯合國舉動，也就不難理解為什麼當一九五○年元月十三日蘇聯要求安理會表決我代表團授權證書之時，美國竟公開否認我方代表蔣廷黻所聲明於必要時動用否決權之效力。[20]按韓戰前，美國對華政策仍處曖昧觀望時期，我外長葉公超即明白點出「我在聯合國中所處之地位自亦視我在安理會所處之地位以為斷，故我在安理會之地位究應視為程序問題？抑實質事項？美國態度至為關鍵。」[21]然美國聯合國代表葛羅斯（Earnest Gross）卻於是年三月，公開聲明美國對此問題之立場為（一）美國將遵守聯合國機構對此一問題的大多數決定（二）美國不認同安理會「驅逐」中國代表的反對投票乃是施行否決權。[22]從葛氏做法而言，完全是呼應韓戰爆發前美國對華塵埃落定、袖手旁觀精神，讓台灣自我消失於國際舞台。

一九五○年六月二十五日韓戰爆發，一夕間，中共成為聯合國譴責之侵略者，與美兵戎相見，杜魯門不得政策轉向國府，派遣第七艦隊進入台灣海峽，宣佈台海中立化。二十七日杜魯門更發佈：「台灣未來地位將由聯合國或將對日和約決定。」一九五一年九月四日，對日和約於舊金山開幕，我國被刻意排除下，竟未受邀出席，而合約第三條只要求「日本放棄台灣澎湖一切權利、所有權及主張」並不明定該等領土歸屬何國，很明顯的，此一決定是美國刻意造成國際上『台灣地位未定論』之安排。美國杜魯門仍不願承認中華民國主權地位，繼續保持觀望，如此懸而未決的作法，也充分貫徹在同年聯合國大會討論中國代表問題時，美國一手設計之四九○號決

---

[20] 引自賴維中，中國遊說團與中國代表權問題，頁12。

[21] 〈外交部長葉公超上行政院閻錫山呈二則〉，（民39年1月16日），《特交檔案分類資料》，「外交：對聯合國外交」，第十九卷，編號54760、54761，《蔣中正總統檔案》，國史館藏。

[22] 中央日報，民39年3月10日，版一。

議，將中國代表誰屬問題，交付特別委員會，訴諸緩議不決的拖延策略。但這般置台灣地位拖延不決的作法，無疑是一種根基的侵蝕，因為既然台灣地位未定，則國府何以代表中國？

是年十一月二十八日，為解決韓戰緊張情勢，聯合國大會三十比八票通過決議，正式邀請中共代表出席討論韓戰問題，美國竟以棄權表態。中共派伍修權出席聯合國安理會，提出「美國武裝侵略台灣案」的討論，痛斥「美國操縱聯合國，提出『台灣地位未定論』為長期侵占台灣製造一個合法的根據，是對中國內政最狂暴之干涉。要求美國自台灣撤出一切軍事力量，驅逐國府在聯合國代表並決心以其志願軍擊退美國朝鮮部隊。」這是中共代表首次在聯合國會議中出現。[23]

綜上美國的態度方向，可看出杜魯門並不因韓戰而消除與中共發展關係幻想，杜魯門對我聯合國地位處境，依據十二月三日，當時我駐華大使顧維鈞密電蔣故總統電文中，最能適切反應：

「美國在避免韓戰擴大及英國與西歐對美施壓下，加上印度代表表示中共意願和談情形下，已決定如中共**『稍改態度，較易就範或可漸獲妥協』，美國即許之以安理會代表權**。事後，美國且計將安理會中國代表權（讓予中共）之決定，推拖係聯合國措施，事出聯合國會員公意，以此求其國人諒解。」[24]

杜魯門這種期待承認中共為惟一中國代表的立場，印證在聯合國我代表權處理上，就是拖延、觀望，隨時可為中共妥協放棄台灣。

---

[23] 引自王杏芳，中國與聯合國，頁32。

[24] 〈顧維鈞自華盛頓呈總統蔣中正亥江七三電〉（民39年12月3日），編號39002663，《特交文電》，「領袖事功部：柒、領導革命外交－我與聯合國」，《蔣中正總統檔案》，國史館藏。

只不過韓戰打斷杜魯門承任中共尋求一個中國的計畫，結果只能在對華政策處理上暫時模糊以對。

　　一九五三年艾森號政府甫上任，韓戰結束，中共也似乎毫無「較易妥協」或「稍改態度」傾向，一九五四年遠東情勢再度緊繃，中共為試探美國防衛台灣決心及考驗中美共同防禦條約之決心效力，不斷升高危機先後炮擊金、馬繼而武力奪取大陳、一江山，最後階段美國幾與核武相見，同時間，中南半島奠邊府一役，法國潰敗退出，美國遞補權力真空，勢必得捲進越戰。為防止共黨骨牌效應，艾森豪時代主掌外交大計之國務卿杜勒斯奔走於東南亞，成立東南亞公約組織，以示美國堅守保衛友邦承諾，防堵共產勢力的侵略擴張，必要時甚至承諾不惜以核子武器作「大力報復」（massive retaliation）威嚇手段，絕不退讓。

　　依表面上看，杜勒斯對台海問題看法是一直堅信中共乃蘇聯附庸，絕不可對共黨示弱，為保衛台灣沿海島嶼，美國應不惜一戰。但依照近期資料則逐漸有不同看法，如知名學者唐耐心（Nancy B. Tucker）指出「杜勒斯十分謹慎，根本無意捲入台海內戰，而且他認為是蔣介石有意擴大戰爭，目的是把美國拉下水，正是一九五四年及五七年兩次台海危機改變了杜勒斯全力支持台北政府的想法，轉而支持『兩個中國政策』。」[25]古辛（Micheal Guhin）更將杜勒斯定位是基督教現實主義者，「從本質上看，杜勒斯非但不是什麼

---

[25]　Nancy B.Tucker，"John Foster Dulls and the Taiwan Root of the Two China Policy" in John Foster Dulles and the Diplomacy of the Cold War Richard H. Immerman, eds.（N.J. : Princeton University Press, 1990），pp.235-262.唐耐心在本卷中指出杜勒斯外交中心思想三點：（一）杜是一大西洋主義（Atlanticist）美國外交中心在歐洲（二）中共乃蘇聯傀儡政權（三）美國遠東目的在維持現狀，主張降低台灣外島重要，避免捲入台海軍事衝突，俾保留資源專注於歐洲事務。

法理道德主義者，他根本就反對以這種態度來對待外交問題。」[26]柯恩（Warren I. Cohen）也指出：「一九五八年九月杜勒斯就表示，他根本不信蔣介石收復大陸的能力，美國也不會承諾幫助完成此一可能。」[27]杜勒斯相信遠東問題的解決方程式就是兩個中國的實現。而貫徹其理念作法就是中美共同防禦的簽定，除將金馬外島獨立台灣領域的保衛防禦之外，又節制國府對大陸軍事活動，用以作為栓住蔣介石機制。（mechanism to control Chiang, Kai-shek）[28]如此一來兩岸劃開，杜勒斯撒下事實上兩個中國（de facto two-China）種子。

　　從魯斯克在其回憶錄「如是我見」（As I Saw It）一書中，更明白道出杜勒斯兩中構思的淵源：「一九五三年，就任國務卿前，杜勒斯即投書生活雜誌，支持兩中政策……。五五年末，杜要我請益眾議院外交委員會主席喬治（Walter George）是否支持一個新的兩中對華政策。」依魯斯克說法，杜勒斯所構想下的兩個中國政策具體計畫也是美國最早官方有關聯合國「中國雙重代表權」設計：

　　（1）贊成中共進入聯合國；

　　（2）取消對中國大陸的禁運；

　　（3）設置台灣共和國；

　　（4）中共、日本、印度為安理會常任理事國，台灣為一般會員國；

　　（5）美國保衛台灣承諾不變；

　　（6）國軍撤出金、馬外島；

---

[26] Michael Guhin, Dull's Thought on the International Politics, ORBIS, Vol. XIII, Fall 1969, p.p.865-889.

[27] Warren I. Cohen, American Response to China（New York: Columbia University Press, 1990）, p.186.

[28] Nancy B. Tucker,"A House Divided: The United States, the Department of State , and China", in The Great Powers of East Asia, 1953~1960, Warren I. Cohen and Akira, eds.（New York: Columbia University Press, 1990）, p.45.

（7）台灣獨立後，應尊重在台大陸籍人士，返鄉意願；

「儘管艾森豪反對中共進入聯合國，但杜勒斯卻不顧所有政治上困難，深為兩個中國或雙重代表政策所吸引。」[29]

杜勒斯對兩個中國建立的具體化作為，除了中美共同防禦條約傑作，首倡雙重代表案構想外，在美中（共）關係正常化開路及進行方式上，也為日後季辛吉所師法。一九五五年四月，中共外長周恩來藉萬隆會議向美國喊話，願意就遠東緊張情勢，尤其是緩和台灣問題和美國友好做下來談判。杜勒斯隨即間接透過印度駐聯合國大使梅農（V. K. Krishna Menon）探聽中共意圖及轉達美國態度，希望以美國所留滯的中共留學生交換中共所拘禁的美國戰俘作為促進中美談判接觸的起點；五月三十日尼赫魯傳達艾森豪口信中提到中共已釋放四位美國飛行員，杜勒斯也回報中共美國已有善意回應，譬如：（一）勸服國民黨撤退大陳。（二）中美共同防禦條約沒有把外島包括進去（三）制止國民黨反攻大陸（四）防止美國空軍誤入大陸領空（五）允許大陸留學生返回大陸。六月，杜勒斯開始考慮想用兩國互換特使的直接接觸方式，處理戰俘及留學生交換釋放，進而作為爾後中美雙方政策溝通管道，但卻遭到下屬國務次卿羅伯遜（Walter Robertson）反對，認為（一）接受特使處理中國留學生事宜有悖中華民國是中國惟一合法政府原則（二）此舉會被認為是與中共建立正常外交關係第一步。由於特使互換構想受阻，杜勒斯才不得不改採助理國務卿墨菲建議利用原有日內瓦會談，但卻提高會談的級別。[30]七月二十五日，美國與中共簽署第一份「官方」聯合公報，將雙方領事級談判提升至大使級會談。此舉顯示艾

---

[29] Dean Rusk, As I Saw It, p.285.

[30] 陶文劍，中美關係史 1949-1972（上海：人民出版社，1999 年。）頁 288～295。

森豪政府對中共已做事實上承認，聯合國雙重代表構想也愈益有其正當性發展及實際需要。

一九六〇年代初，中蘇邊境衝突及路線爭議，更鼓勵美國一切政策思維應避免刺激中共，以防中共與蘇聯修好。甘迺迪對華政策思想，可溯自一九五七年甘任麻州議員時，在〈外交事務季刊〉（Foreign Affairs）批評：「美國拒絕承認中共，作繭自縛的政策，完全是無知與對國際客觀情勢認識失敗的結果。」[31]依魯斯克回憶錄中所述：一九六一年甘迺迪甫上任，即在一私下會談中對魯表示：美國應立即進行一個全新對華政策的檢討；魯斯克也承認長期浸淫中國事務生涯裡，自身一直是兩個中國政策的信仰者；甘迺迪與魯斯克對華政策上完全同意美國應予台北與北京雙重承認。但終甘迺迪時代，並沒有大膽的兩個中國政策發展，甚至甘還承諾國民政府美將不惜以否決權使用來保護台灣在聯合國席次。甘迺迪的謹慎作為，魯斯克歸因於（一）甘迺迪深以自己六〇年大選的險勝為戒，視為人民選舉委任（mandate）的不足（二）國內保守勢力強大加上麥卡錫主義殷鑑不遠，使甘迺迪不願和中國遊說團及國會友華議員產生政治衝突（三）日內瓦談判一直沒有進展，流於各說各話，中共在東南亞依然好戰成性（四）台北與北京都堅決反對兩個中國。[32]雖然如此，但魯斯克也發現：在甘迺迪政府時代，國務院內開始有一群極力主張「兩個中國」、「雙重代表」政策的官員勢力集結如國務次卿包爾斯（Chester Bowels）、駐聯合國大使史蒂文生（Adlai Stevenson）、遠東助理國務卿哈里曼（Averell Harriman）及國家安

[31] Forster Rhea Dulles, American Policy Toward Coward Communist China（New York: Thomas Y. Crowell, 1972），p.189.
[32] Dean Rusk, As I Saw It, p.283.

全會議官員柯默（Robert W Khomer），積極進行聯合國雙重代表權的運作實現。[33]

　　一九六四年，值詹森政府在位，國際主客觀情勢變化，促使聯合國中國代表權問題日益傾向台北及北京同時並存聯合國。首先六四年一月，法國政府宣佈欲與中共發展正式外交關係，詹森正式要求蔣不要主動與法斷交，製造中共困窘；國務院則期望法國創造中國問題之「雙重承認」實例出現，為一直設想的兩中政策創造試探性鋪路。十八日，魯斯克緊急召見我駐美大使蔣廷黻，表達**「法中宣佈建交後，台北當局切忌譲進與法國斷交，希台北克制反法的言辭與活動，應利用法、台仍無斷交狀態下，考驗中共決定是否進行互換大使的行動。」**[34]

　　然而在蔣故總統眼裏，美國的作為根本就是兩個中國的實踐，三年前的「外蒙」案中，台北已退讓立場，如今要違背「漢賊不兩立」國策，更是難以接受。對國府的遲疑態度，二十四日，魯斯克在召見蔣大使時，軟硬兼施，先以極度不滿言詞表示「對國府高層處理法中建交方式，感到非常失望與困擾。」[35]再改以「著眼聯合國的情勢，中共已有四十二個聯合國會員國承認，法國之承認中共不但將影響到非洲法語系國家動向，對加拿大、日本及比利時等也有不良影響，台北若悍然主動與法斷交，是中共在國際外交的突破。」[36]因為這將使聯合國安理會五強僅剩美國與我有邦交關係。

　　就在法中宣佈建交前之最後一刻，蔣介石只有對美答覆：**「中華民國政府原則上，願意在法國宣佈與匪建交時，不立即表示中止**

---

[33]　FRUS, 1964-1968, Vol.XXX, China, pp.8-9.

[34]　FRUS, 1964-1968, Vol.XXX, China, p.10.

[35]　FRUS, 1964-1968, Vol. XXX, China, p.12.

[36]　FRUS, 1964-1968, Vol. XXX, China, p.12.

外交關係舉動；但是一旦法匪互換大使，則中華民國將立刻宣佈斷絕與法外交關係。」蔣經國形容此一決定心境是「強顏歡笑，心中沉重」（We may smile on the face but our hearts are heavy。）[37]

蔣介石儘管在詹森政府力勸下，勉強同意不主動與法斷交，但國府之被動配合，企圖製造雙重承認出現，使戴高樂進退維谷於美國設計，眼見「雙重承認」可能成立下，二月十日，戴高樂釜底抽薪遣特使面見蔣介石，告知巴黎決定接受中共駐法大使之決心，蔣介石認定此舉足以昭世，法國承擔台法斷交的責任，並向美表示已盡最大努力配合美國的安排，遂正式宣佈與法斷交。[38]這段維持了兩週的雙重承認也宣告結束。

「外蒙案」及法中建交，美國兩次勸退國府在「國策」上的堅持，無疑鼓舞了魯斯克為首的兩中集團加快實驗聯合國「中國雙重代表權」之可行性。十月，中共原子彈試爆成功，使國際及美國又多一項口實，有與中共改善關係及接納中共進入聯合國的必要性。打鐵趁熱，十一月十八日，美國駐聯合國大使史蒂文生向詹森提出只有兩個中國或雙重代表是最好解決辦法。國家安全事務特別助理彭岱（Michael George Bundy）也提醒詹森：「如果要貫徹甘迺迪不惜保護台灣在聯合國席位承諾，美國恐怕得每年都使用否決權。」[39]但詹森於當年仍堅持重要案，繼續支持國府在聯合國席位。

一九六五年，聯合國大會表決「恢復中共權利」案，竟然四十七票贊成，四十七票反對，打成平手。美國開始真正擔心失去程序上所必須過半票數以保證取得重要問題案三分之二票數門檻成案保

---

[37] FRUS, 1964-1968, Vol. XXX, China, p.14.
[38] FRUS, 1964-1968, Vol. XXX, China, p.22.
[39] FRUS, 1964～1968, Vol. XXX, China, p.4.

障。這逼得美國又不得不重新考慮自一九六一年以來用以維護我聯合國會籍的「重要問題」案策略的更替。

一九六六年四月，美國接任史蒂文生駐聯合國代表高德柏建議詹森鼓勵加拿大於本屆大會提出「繼承國家」（successor state）決議案：「同時承認北京與台北都有在聯合國代表權。」[40]高德柏構想是中共會拒絕此一方案，讓中共自己擔負無法參加聯合國的責任。魯斯克支持此一構想，指示駐華大使馬康衛先對蔣介石說明，待七月五日魯斯克訪問台北與蔣介石會談時，再度表明中國代表權問題的策略勢必改變，否則不足以應付今年聯合國挑戰。蔣回以：「只要美國能堅持憲章第十八條法理程序就毫無問題……決不接受兩個中國與雙重代表安排，否則中華民國只有退出聯合國，此一立場毫無妥協餘地。」魯斯克返回華府後，只有將加拿大案擱置。[41]

十一月初，加拿大外長馬丁（Paul Martin）仍不願放棄雙重代表計畫，美國務院兩中政策主張者彭岱及駐聯合國大使高德柏，他們也與馬丁接觸，希望加拿大推動此案，使台海兩岸均能參加聯合國。三日，馬丁送交一份草案計畫予魯斯克，建議簽署一過渡協議讓兩案在聯合國都有代表席位，不過安理會席位由中共取代。[42]魯斯克立即電告馬丁在向詹森報告以前勿散發此提案，魯斯克又同時寫信與加拿大皮爾森政府表示此案迫使台灣退出聯合國，有違加拿大原意，如果此案提出美國只有反對，魯斯克並稱如果加拿大覺得

---

[40]　其理論架構為：中華民國自一九二一年即為一獨立主權國。一九四五年依據開羅宣言及波次坦宣言接收台灣澎湖，一九四九年遷至台灣繼續行使政權。中華人民共和國建立的事實並不等同中華民國被併吞、消滅或取代事實。故兩國是對等並無隸屬關係的政治實體。

[41]　FRUS, 1964～1968, Vol. XXX, China, p.350.

[42]　張欽盛，聯合國與歐美國家論文集：加拿大對聯合國中國代表權的政策之演變（台北：中央研究院歐美研究所，民86年。）頁201～203。

要有所行動的話，則可以發起或支持義大利及比利時所提社力研究委員會來研究大會有關中國代表問題。[43]儘管義大利之以「委員會設立」討論聯合國中國代表問題案最後一定是同樣做出「雙重代表的建議」，但魯斯克認為這樣總比加拿大一中一台提案那麼「激進」（radical）來得好且較能為亞洲盟邦「理解」（palpable）。[44]

台北國民政府對美國支持義大利之設立特別委員會俾研究中共入會問題，同樣大表不滿，外交部長魏道明立刻向馬康衛大使抗議，表示委員會案如果在聯合國大會通過，台灣同樣不惜退出聯合國。一如重要案妥協過程，中美關係再陷入僵持，國府受與不受，更甚以往，其中兩難可見十一月二十六日駐美大使周書楷電告總統蔣中正，說明美國支持義大利提案為打消加拿大提案，文電中言明：

「美政府之所以贊成義大利提案，純為打消加拿大提案，及爭取支持重要問題案，暨反對阿爾巴尼亞之票數，係不得以措施。鈞座認為義大利提案若獲通過，我即應退出，使美深為憂慮，如為此事退會，易失同情，且使反我者稱快。惟研究委員會之設，勢必導致『兩個中國』，故我絕對不能接受……。」[45]

十一月二十七日，美國務卿魯斯克向外交部魏道明去電解釋：「十一月初，加拿大未經事先與吾人諮商，提出一項具有『一個中國、一個台灣』內容且聲明以安理會席位給予北平政權之議案。由於此一突發之緊急狀況，吾人不得以惟有恢復採取一項研究委員會之策略，以設法阻止加拿大之危險建議，蓋此項建議倘不予以抑制，可能使吾人在贊成『重要問題』，失去彼等及其他國家之支助。有

---

[43] 同上，頁 203～204.

[44] FRUS, 1964～1968, Vol. XXX, China, p.419.

[45] 〈駐美大使周書楷自華盛頓密呈蔣中正密電〉（民 55 年 11 月 26 日），編號 5000642，《特交文電》，「領袖事功部：柒、領導革命外交－我與聯合國」，《蔣中正總統檔案》，國史館藏。

關貴國退出聯合國將使海外友人困惑而使仇者稱快，質言之，貴國留在聯合國內為防止中共入會最有效之保證。」[46]

十一月二十七日，為安撫國府反彈，美總統詹森親函蔣剴切陳明：

「我人此時無法預言，該項提案是否能通過但即令通過，余認為貴國退會之舉將為我兩國之悲劇其後果對於中國及自由世界在亞洲之形勢將既為深遠而充滿危險。」

十一月二十九日馬康衛獲國府告知：「如果義大利案通過，台北不會退出聯合國，惟將退席（walk out）以示不滿。」馬解釋原因在於「國府為避免受美國政府支配批評，無法不作任何表態，否則不足以向其人民交待。[47]魯斯克終於成功壓迫國府「默許」由美國支持但由義大利發起之「研究委員會」案，首度提出「雙重代表」案於當年聯合國大會表決。**較一九七一年所接受的「雙重代表權案」，台北事實上在五年之前已默許之。**

十一月二十九日聯合國大會有關中國代表權案將三決議草案交付表決，「重要案」先以六十比四十八票通過，「排我納匪」案只有四十六票比五十七票否決而義大利等六國設立研究委員會也以三十四比六十二票否決。重要問題案策略仍然有效維持我國聯合國席位，暫時渡過將六六年危機。一九六六年美國首次「默許支持」的「雙重代表案」失敗，主要因素還是（一）中共開始文化大革命，國際對中共仇外及情勢混亂未定情形下，未便驟予支持。（二）由於美國介入越戰日益升高，美國急須加強與台灣軍事合作，如：情

---

[46] 〈美國國務卿魯斯克致外交部長魏道明函釋文〉，(民55年11月27日)，《忠勤檔案》，檔號 3010.82/5044.01-67，「中美」編號六二，《蔣經國總統檔案》，國史館藏。

[47] FRUS, 1964~1968, Vol. XXX, China, p.468.

報分享及建立台中空軍基地（三）對雙重代表案，中共堅決反對，台北也是「漢賊不兩立」，雙方毫無妥協的空間。[48]

　　雖然美台關係又回復到穩定狀態，美國對華仍然維持兩條平行卻又矛盾路線，即一方面在冷戰制約下仍支持國府在聯合國席次，但美國自始至終都不曾放棄兩個中國政策，美國國會也舉辦連串對華政策檢討的公聽會，最知名者為參議院外交委員會主席傅爾博萊特（William Fullbright）主持之聽證會，力主美國放棄意識型態，採取積極行動將中共帶進聯合國，對美國是有利無害。[49]詹森在自由派壓力之下，也選擇對中共「圍堵卻不孤立」（a policy of containment without isolation）的原則，聲明：「與我們稱之為敵人的國家進行和解是和平必要的部分，而打破一個封閉社會與思想的最大力量就是開放雙方在觀念、人員及貨物的自由交流。」

　　杜魯門時代以「台灣未定論」配合聯合國「緩議」案操作，開始兩個中國混沌未定現象；艾森豪時期則一面以「共同防禦條約」搭配聯合國「重要問題」案保障台灣安全與聯合國國際地位的存在，另一方面則與中共成立官方華沙會談管道，建立國際上「兩個中國」事實狀態，撒下「雙重代表」種子；迨甘迺迪、詹森時代，國際情勢變化，在法中建交與研究委員會案的試探性將雙重代表案之首度大膽實踐，自然非屬意外；雖因蔣介石決心不與中共並立，且不惜退出聯合國絕決作為，讓美國退怯。但雙重代表已衍生成為美國解決聯合國中國代表權解決的主流思維和完成兩個中國政策最終手段。

---

[48] Robert D. Schulzinger, Henry Kissinger-Doctor of Diplomacy（New York: Colombia University,1989）, pp.78-79.

[49] FRUS 1964～1968, Vol. XXX, China, p.8.

第三章　我國接受雙重代表權之始末

第一節　雙重代表案在尼克森對華政策下的構思

　　一九七一年十月二十五日的第二十六屆聯合國大會，雙重代表案終於在尼克森政府設計與倡導下正式付諸實施，決定了紛擾二十二年之久的聯合國中國代表權問題。因此尼克森所採行延續先前杜魯門、艾森豪以迄甘迺迪、詹森之兩個中國政策，其手段內容有何差異？影響所及，在聯合國問題，尼克森時期對雙重代表案的具體策略設計為何？而尼克森從反共大將到容共的轉變歷程是何？為何不能一以貫之？最後竟以北京在聯合國全勝，台北卻落得漢賊皆不立收場，以上問題將是在進入雙重代表案在整個台美雙方交涉、折衝到妥協過程前，本節所要探討與敘述的部份。

　　一九七二年二月二十日，亦即聯合國中國代表權問題塵埃落定四個月後，尼克森終於踏上中國大陸，開始它改變世界的一週之旅。當天在尼克森與毛澤東歷史性的首次會面中，毛對兩國近二十二年阻隔後的重逢，坦白對尼克森道出：「人家說你是右派，但我喜歡右派人士掌權。」尼則會心回以：「在美國，往往左派人士的主張是要靠右派的人才能實踐。」[1]尼克森此舉深刻道出其政治生涯的投機性格和「狡猾狄克」（Tricky Dick）綽號之名實由來。事實上，尼克森在政治事務上之理念與作為與一般政治人物的善變投機是無

---

[1] Richard Reeves, President Nixon Alone in the White House（New York: Simon & Schuster, 2001）, p.439.

分軒輊的，觀察尼克森早期閱歷，可以發現尼克森一直是以善於掌握政治正確風潮而崛起政壇，一味依靠國內恐共、反共民氣，利用選舉抹黑（smear）手段指責對手是共產黨人而勝選，可說是為達目的不擇手段的開創自己政治生涯。直到六二年加州州長競選失利後，一九六四年眼見美國選民拒絕了以反共著稱之高華德（Barry Goldwater），也是美國總統大選史上最慘敗一役後，一改先前反共激情，開始重新思考未來政治方向，經三年的沉潛思索，終於才找到另一政治舞台的崛起戲碼－美中（共）關係正常化，徹底改變過去二十餘年美國一貫對中國政策思維。

尼克森畢業於北卡羅萊納杜克（Duke）大學法學院，「在學校的那段日子，尼克森明顯具備了政治家的特質。他努力用功的方式以及具有提供『正確』（模稜兩可）答案、掌握情勢的能力，讓老師留下深刻印象。」[2]一九四六年尼克森決心參選眾議員，年僅三十三歲、默默無聞而且缺乏從政經驗的尼克森照理是很難擊敗當時現任的民主黨渥里斯（Jerry Voorhis），但尼克森了解到如果候選人被貼上共產黨標籤，不管是真是假，很快就會面臨失敗命運，因此，尼克森鎖定以攻擊渥里斯是共產黨作為競選策略，在沒有充分證據支持下，尼克森指責渥里斯在國會中投票記錄都是站在「莫斯科陣線」上，不斷暗示選民「你知道渥里斯是共產黨嗎？」渥里斯在共產黨「莫須有」紅色大帽子下難以招架，一直處在防禦立場，使尼克森贏得政治生涯的第一場勝利。

進入政壇的尼克森掌握當時美國大眾對民主黨「誰失去中國？」責難及反共的政治正確，公開大肆譴責艾契遜與白皮書背後操刀人傑塞普（Philip Jessup），堅決反對承認中共與進入聯合國。一九五

---

[2] 丁屏譯，C. Peter Ripley 著，開創時代政治人物系列：尼克森（台北：鹿橋出版社，民 88 年），頁 23。

○年，尼克森更進一步競選參議員，在與民主黨現任對手道格拉斯
（Helen G. Douglas）女士競爭中，尼克森仍前事不忘後事之師，統
計道格拉斯與親社會主義國會議員麥肯多尼歐（Vito Marcantonino）
有354次同樣投票記錄，而斷定道格拉斯亦是共產人士並貫以「pink
lady」之名，另外匿名散發五十萬份粉紅色傳單，暗示性抹黑道格
拉斯是共產黨人。[3]尼克森雖然因此順利當選，但道格拉斯也為尼克
森取了（Tricky Dick）綽號，此一綽號就此一直跟隨著尼克森的整
個政治生涯。

　　此時韓戰已爆發，這位新科參議員也開始從國內安全政策跨入
外交領域，適時杜魯門與麥克阿瑟將帥不和，解其兵權。尼克森把
握機會高舉反共大旗，領銜提出參議院一二六號決議案：「杜魯門
應該立刻回復麥克阿瑟原職，只要中共要求進入聯合國就不與之妥
協，韓戰應該以勝利結束而不是姑息。」尼克森儼然成為麥克阿瑟
「勝利是沒有代替品」的代言人。[4]最後成為艾森豪的副總統以前，
尼克森就一直依靠反共報人，也是「中國遊說團」大將亨利魯斯
（Henry Luce）支持，得意於政壇，魯斯之所以心喜尼克森，除了
對尼克森在擔任眾議院非美委員會時在「希斯案」（Alger Hiss）上
肅清美國共產份子的熱烈表現，表示激賞外，魯斯更認為尼克森會
是比麥卡錫更具潛力栽培的「反共巨星」。[5]

---

[3]　Herbert S. Parmet, Richard Nixon and His America（Boston: Little Brown and Company,1990），p.214.

[4]　Herbert S. Parmet, Richard Nixon and His America, p.309.

[5]　ibid., p.212.一九四八年曾是共產黨員的錢伯斯（Whittaker Chambers）指控
前國務院官員希斯是共產黨員涉嫌將政府文件機密影本交付蘇聯，成為當
時一見轟動大事。以希斯哈佛法學院畢業、最高法院大法官荷姆斯（Oliver
Holmes）主任秘書、聯合國顧問的聲望、背景及審訊期間沉著、洗鍊的證
詞，讓大部分委員及民眾相信他是無辜的。但法院一面倒以錢伯斯證詞判
決希斯偽證罪，判刑希斯四十四個月；沒沒無聞的尼克森卻因「積極」調

　　值得注意是五〇年代儘管尼克森以支持中華民國，反對中共進入聯合國崛起，但這位受「中國遊說團」奧援起家，在一九五三年，前總統胡佛（Herbert Hoover）發起「百萬人反對中共進入聯合國」時，卻刻意保持距離，不願加入。而當時由柯恩（Ross Y. Koen）所作一份中國遊說團研究報告中，列舉全美最支持蔣介石的五十位國會議員，尼克森也名落其外。與同樣加州選出參議員諾蘭（William Knowland）相比，尼克森亦不願過於「束縛」在中國反共議題上。尼克森反共只是因循共和黨傳統反民主黨路線，而其南加州選區更是支持蔣介石之大本營。[6]此時尼克森可說完全沒有自己政策的思考與主張，反共不過是當時選舉成本最低廉的投資報酬。

　　一九六〇年總統大選尼克森以極細微比數輸給民主黨甘迺迪，六二年在共和黨催促下再度投入加州州長選舉，企圖作為一九六四年大選東山再起跳板，選戰技巧上，尼克森依然不改先前渥里斯及道格拉斯競選所獲經驗──反共是受選民支持的，只要炒作成功，形成焦點新聞，對手只有招架的份。尼克森聲稱加州民主黨黨部內有三十五名共黨份子並公開抨擊現任州長布朗（Pat Brown）四年來反對任何制裁共黨顛覆立法，質疑布朗處理州內共黨勢力的能力。尼克森採用五〇年同樣郵寄信函抹黑手段，指控布朗是國際共產陰謀的工具，嚴斥加州民主黨委員會支持中共加入聯合國，完全是共產黨同路人表現。[7]然六〇年代，今非昔比，國際上，共產黨和平外交攻勢及中蘇分裂，加上美國國內政客、學者如傅爾博萊特、喬治肯楠（George Kennan）宣導共產主義並非是同質如出一轍的

查此案一躍成為全國知名人物及共和黨反共大將。但希斯到底是無辜或有罪及尼克森在希斯案的角色企圖，也成歷史家一直爭論話題。

[6]　ibid., p.211.
[7]　Herbert S. Parmet, Richard Nixon and His America, p.425.

（monolithic）[8]，使尼克森反共訴求市場大不如昔，尼克森也自承不只自由派選民不支持他，連極右派選民都離他而去；加上投票前夕發生古巴飛彈危機，甘迺迪對蘇聯採取強勢態度應對得宜，化解危機，一掃民主黨對共產黨軟弱形象，使尼克森以近三十萬票輸給布朗。忿怒、身心疲憊及高度失望的尼克森在得知選舉結果後，一度拒絕出席選舉記者會，在幕僚催促下，尼克森在高度不滿氣憤情緒下，將所有怨氣發在記者身上，「怒斥記者再也沒有機會『整』（kick around）他，因為這將是他最後一次記者會。」尼克森可說風度盡失，連甘迺迪都批評其心理穩定狀態，ABC電視還特別為尼克森製作政治告別專輯（Political Obituary of Richard C. Nixon），時代雜誌更認為尼克森政治生命也到此結束，[9]尼克森也就此離開政壇將近六年的時間。

敗選後的尼克森移居到紐約，自嘲「正努力脫離加州鄉巴佬層次」，為塑造他文化與知識份子的品味形象，不斷在媒體、雜誌發表觀點評論，也因為如此，尼克森在外交事務上仍然擁有專業的權威，保持全國政治人物地位。此時尼克森博覽群籍，努力思考新的政治訴求並找尋美國政治正確的國家主題，一九六四年，尼克森表示對遠東局勢的憂慮，尤其中國核子試爆的成功和越戰的增溫，美國正面對第三次世界大戰危險。但如何因應此一情勢，尼克森則表示尚待重新考慮。

一九六五年尼克森似乎找到了它未來政治藍圖，並一改美國自二次大戰以來「重歐輕亞」的外交中心架構。尼克森指出：「亞洲

---

[8] Robert D. Schulzinger, Henry Kissinger- Doctor of Diplomacy（New York; Colombia University Press,1989）, p.78.

[9] Melvin Small, The Presidency of Richard Nixon（Kansas: University Press of Kansas, 1999）, p.22.

問題絕對是未來美國即將面對的外交政策重心，任何一個企圖全國性政治候選人，如果要強化其政治資本，必須具有這一地區的第一手資訊。」[10]但亞洲問題的中心在哪？

　　在一九六七年春，尼克森開始他為期半年亞洲外交研究之旅，先後走訪日本、台灣、韓國、越南、印度，與日本佐藤（Sato）首相、蔣介石與甘地（Indira Gahndi）夫婦會談，依據當時隨行紐約先鋒論壇報（New York Herald Tribune）記者普萊士（Ray Price）觀察：尼克森對訪前功課準備之徹底，根本無需任何工作人員的簡報提示；尼克森隨時錄音機在手，錄下談話記錄及個人對人、事、物的所見印象觀點。在以色列訪問時，本古里昂（David. Ben-Gurion）總統所給予尼克森建議：「現在是讓美國人了解與中共和解才是符合國家利益的時候了。」深受尼克森衷心贊同。[11]經資料顯示，尼克森在一九六五及一九六七年的歐亞遊歷期間，至少就有法國總統戴高樂及德國總理艾德諾（Lonard Adenauer）的鼓勵：「中共已強大到美國不該忽視，如果美國要在亞洲扮演一定角色，就應該與中國和解。」菲律賓與巴勒斯坦也認為中共並非是不可改變與交往政權，[12]促使尼克森對中國的看法的確開始產生重大的變化，這時的尼克森已跳脫出過往偏狹（provincial）思考，開始建構他未來外交政策上的倡導：美中（共）關係正常化。

　　尼克森中國政策觀點的請益及改變，正式結晶於它東山再起為爭取共和黨提名，而在一九六七年〈外交事務季刊〉（Foreign Affairs）所發表一篇為「越戰之後的亞洲」文章中所言：

---

[10]　Herbert S. Parmet, Richard Nixon and His America, p.494.
[11]　ibid., p.495.
[12]　ibid., p.p.621～622.

　　「美國任何的亞洲政策都必須迫切掌握中國現實……長期而言，我門根本不能聽任中國永遠置身國際家庭事外，抱持幻想與仇恨，威脅鄰國……我們這個小小星球，不容十億人群活在憤怒的孤立狀態中，中國若不改變，世界不會安全。」

　　但根據前述分析來看，可見〈外交事務季刊〉上這篇文章不是尼克森中國政策思想改變的開始，而是第一次具體形諸文字的證據。一九六八年共和黨提名大會，尼克森形容自己是包容的實際主義者（pragmatist）尼克森以親和自在風采，不像以前那般嚴肅好鬥，說明了「新尼克森」的出現。[13]尼克森也確實是把自己雕塑成「新尼克森」，不但讓該選民相信它不再是從前靠著不道德及不受歡迎的競選方式贏得選舉的尼克森，更將是帶來與過去完全不同新主張的尼克森。

　　尼克森總統宣誓就職時，認為美國外交政策正凍結在兩個關卡上，亞洲方面，美國對華政策被套在七〇年代已「過時」（passe'）的兩個中國政策和無止盡的繼續維護國民黨政府席位於聯合國安理會。[14]同時，美國也陷入越戰泥沼，每年有無數子弟喪生異域；尼克森在競選總統期間誓言將終止戰爭，但是一直未講清楚他中心的計畫。

　　其實即使在六〇年環境而言，在國際上中蘇分裂，拉攏中國成為思考方向時，美國一九六九年還是有人如喬治肯楠一直認定蘇聯畢竟還是屬於歐洲基督文化的國家，比較於中共全然不同的文化意識形態，蘇聯是更有妥協條件的合作對象，中國是中、蘇兩敵之中，反較具敵意及威脅性的一國。另一方面，即便中共在六〇年代因核子試爆成功及第三世界集團國家的支持而日益強大，詹森與甘迺迪

[13]丁屏譯，C. Peter Ripley 著，開創時代政治人物系列：尼克森，頁 70。
[14] Robert D. Schulzinger, Henry Kissinger- Doctor of Diplomacy, p.87.

也不會不清楚遠東及中南半島緊張局面沒有中共的合作難以解決，但甘迺迪視與中共建交乃當時「政治之不可能」而詹森則仍在「誰失去中國？」的症候群下，對中國問題上一直裹足不前。但尼克森卻決心打破上述所有有形或無形意識形態的桎梏，表示：「今天任何一個負責在位者，都必須與中國發展一個新的關係，創造一個使美國外交政策更具彈性的環境。」[15]尼克森下定決心，新的對華政策將一改先前華府維護台北是中國正統立場，而轉向到北京政府建交為中心，此一「北京優先」政策上的重大傾斜轉變，除了前述個人深刻政治性格所致外，更具體的原因可分析如下：

　　防止民主黨捷足先登，搶佔政治舞台先機：如前所述，尼克森在政治歷程中，深知抓緊時代主題，清楚掌握政治風向是站上舞台成功不二法門。

　　其實尼克森演進中的觀念，雖然與美國外交政策主流人士的教條南轅北轍，卻還談不上是新奇的主意。一九六八年，與尼克森角逐共和黨的尼爾遜洛克菲勒（Nelson Rockefeller）即主張與中國增加「接觸與溝通」。同時，民主黨提名的總統候選人韓福瑞（Hubert Humphrey）副總統也建議「打造通往中國大陸人民的橋樑」，主張部分取消美國對中國實施之貿易禁運措施。超越民主黨在中國和解政策的捷足先登，成為尼克森叩開北京之門的主要動力。尼克森此一政治盤算在他與中國的秘密外交活動中所佔的份量，遠超過一般人所理解。[16]

　　一九六九年尼克森甫上任，民主黨人就鼓譟對華政策應有所變革，三月，民主黨愛德華甘迺迪（Edward Kennedy）參議員就主張

---

[15]　Herbert S. Parmet, Richard Nixon and His America, p.622.

[16]　林添貴譯，孟捷慕著，轉向-從尼克森到柯林頓中美關係揭密（台北：先覺出版社，民88年），頁33。

支持中國加入聯合國以及美軍撤出台灣；民主黨參議員多數黨領袖曼斯菲爾德（Mike Mansfield）更是致函周恩來，躍躍欲試爭取訪問中國。老練的周恩來自然心領在美中關係的操做需要勒索時，也運用了尼克森這一恐懼心理，放話中國接下來不排除與國會民主黨人士打交道，計畫邀請民主黨重量級人物如甘迺迪、穆斯基（Edmund Muskie）、麥高文（George McGovern）等。這一著深踩到尼克森痛腳，因為尼克森決不可能忍受與民主黨分享敲開北京大門的政治光采。這可以從季辛吉一九七一年七月訪問大陸對周恩來要求：「尼克森本人翌年親訪中國大陸之前，不要接受任何美國政治訪客。」幾天以後，季辛吉在巴黎再度向中國官員要求，中國不僅別接近民主黨領袖，也應「與美國左派保持距離。」[17]

與中共關係破冰，解套越戰：尼克森競選期間最大承諾就是脫離越戰，雖然尼克森上任之初，在關島發表「尼克森主義」（Doctrine Nixon）[18]，主張美國將不再直接介入亞洲越南戰爭，企圖藉所謂越戰越南化與越戰脫鉤，光榮撤退。但依資料顯示，尼克森深信與中共發展關係才是真正解決越戰秘方，中共的和解必能動搖北越戰鬥信心與戰力，造成北越和中共互信分化。[19]**為使北越知難而退，尼克森願意付出代價則是以台灣防衛利益作為交換籌碼**。尼克森於同年停止第七艦隊在台海巡邏，表面為貫徹尼克森主義，實則向中共

---

[17]　前揭書，頁 49～51。

[18]　一九六九年七月二十五日尼克森出訪亞洲途經關島，宣佈對亞洲新政策：「越戰結束後，美國仍將恪守既定的條約義務，但美國鼓勵亞洲盟邦自己擔負國內安全和軍事防衛責任，而美國則避免捲入越南式的戰爭。」這一亞洲政策被稱為「關島主義」。尼克森在一九七〇年國情咨文進而將此一政策延伸為全球政策，提出「夥伴關係、實力、談判三大支柱之新和平戰略。」其中心點是：美國不再承擔保衛自由世界的全部責任。而一些高級官員直接把上述三大支柱稱為「尼克森主義」。

[19]　Robert D. Schulzinger, Henry Kissinger- Doctor of Diplomacy, p.84.

示意，七月二日我國海上突擊對在閩江口擊沉三艘中共砲艇，美國務院發言人麥克羅斯基（Robert McClosky）表示我方應受一九五四年中美共同防禦條約約束，不得對大陸採片面行動。

　　一九七○年一月華沙會談恢復，美國代表為駐波蘭大使史托賽爾（Walter Stroessel）即把駐台美軍與越戰開始掛鉤，並首次暗示：「我希望……當亞洲日趨和平與穩定時可能自台灣撤出兵力以交換中國協助美國退出越南；」待二月第二次會談裏，尼克森更進一步修正前次「希望」降低駐台兵力，這次尼克森宣佈美國政府「有意願」如此做。一九七一年季辛吉與周恩來會談中回應周恩來之美軍撤出台灣要求時，即說明：「美國在台軍力部署是：三分之一兵力是保護台灣，三分之二是為越戰，只要越戰終止，美國立即撤出台灣三分之二軍隊。」[20]一九七二年尼克森踏上中國領土與周恩來會晤前親手記下一些重點中，更表態美國將在台灣問題上讓步以交換中國協助獲取越南和平解決：

　　台灣＝越南＝交換

1. 貴國人民期待對台灣有所作為。
2. 美國人民期待在越南有所作為……我們不要相互為難讓對方尷尬。[21]

　　但此一提議遭到周恩來回應「跑到中國來解決越南問題」是不可能的事，婉拒安排美方與北越黎德壽碰面，反而要求尼克森效法法國戴高樂撤出阿爾及利亞才是明智之舉。尼克森在其回憶錄也承

---

[20] The National Security Archive: The Beijing-Washington Back Channel and Henry Kissinger's Secret Trip to China, September 1970～July1971, National Security Archive Electronic Briefing Book No.66, Document34, p.12 See website at: http//www.gwu.edu/nsarchive/NSAEBB/NSAEBB3.

[21] 引自林添貴譯，孟捷慕著，轉向─從尼克森到柯林頓中美關係揭密，頁28。

認：「我完全了解我們會談有局限，我也沒有幻想，能在北京解決中南半島戰爭。」[22]

與中共和解對台灣安全也是保障：尼克森知道與中共交往將引起國內支持台灣保守勢力反彈，美國大眾依舊認定中共並沒有實質的改變，中國遊說團在國會仍有一定實力如共和國參議員高華德及加州州長雷根等。尼克森必須冒著政治風險步步為營，耐心與共和黨右派友華人士諒解、溝通，因此，一方面以「聯中制蘇」訴求取得右派反蘇系軟化，另外，則宣稱台灣問題必須以和平方式解決。季辛吉認為國民黨在聯合國支持度日益孤單情形下，美國如果打開與北京關係，反而可以解決台灣此一困境；華盛頓可以用所建立交往關係說服中共放棄對台用武。同時，將中共納入國際社會，多少會受到國際法的約束，這樣總比放任中共不受國際規範制約，為所欲為好；至於台灣依舊可以維持獨立繁榮的個體，即便它未來政治遠景是嚴酷的，至於未來嚴酷遠景當意謂：台灣外交關係的孤立。

當季辛吉七一年七月九日與周恩來會談時即表示「尼克森預備將在第二任內達成與中共建立正式外交關係。」季辛吉對台灣未來暗示周恩來「台灣問題應多做少說」讓「歷史演變」解決，老練的周恩來亦刻意不與聞問，因為周知道屆時美國和台灣也只有斷交一途。[23]

既然尼克森的兩中政策是以中共建交而非維護國府正統地位為優先，那美國在一九七一年聯合國雙重代表權的政策評估與設計的內容為何？尼克森政府又是何時開始雙重代案的構想設計？按季

---

[22] 林添貴譯，孟捷慕著，轉向-從尼克森到柯林頓中美關係揭密，頁71～72。

[23] 參見 National Security Archive: Kissinger's Secret Trip to China, September 1970～July 1971, National Security Archive Electronic Briefing Book No. 66, Document 34, pp.14～15. See website at: http//www.gwu.edu/nsarchive/NSAEBB/NSAEBB66.

辛吉回憶錄「白宮歲月」（White House Years）所記，一九七○年六月羅吉斯即感到重要問題將難以應付當（第二十五）屆聯合國大會中國代表問題的挑戰，而向尼克森建議雙重代表案計畫。十一月十九日，季辛吉召開跨單位之「中國代表問題研究」會議，[24]果然，隔（二十）日聯合國大會表決，阿爾巴尼亞案首度達到過半贊成票，重要案的潰散，更加重此一聚會檢討與研究新方案之急迫性，兩個月後，美國於一九七一年一月十八日正式完成「中美聯合國會籍問題全面政策研究報告」（The Study of The Entire UN Membership Question: US/China Policy）計分七部分，四十一頁（參見附錄一），目的乃在為美國重新設計聯合國對中國代表權問題之政策，該份報告也是美國政府將孕育多年的雙重代表案構思，首度明確具體化的研究呈現，成為美國當年聯合國中國代表問題政策執行的藍圖依據。

　　此份報告首先即明確指出「美國聯合國政策選擇不是建立在中共入會對聯合國效率是否改善的標準之上，而是以中共進入聯合國或中華民國失去在聯合國的會籍所導致美國國家安全利益影響估算為依歸」，完全符合尼、季二人外交政策現實主義的精神。該完整報告經整理、摘要如下：

一、政策評估原則

(一) 是否繼續維持重要問題案？繼續為之，結果將必敗無疑，中共如此方式下，進入聯合國不只是美國在國內外威信的挫敗，更暴露美國外交反應上僵硬、不切實際及能力拙劣。

---

[24] Henry A. Kissinger, White House Years（Boston: Little, Brown and Company, 1979），p.771.

(二) 鑑於每年美國為中國代表權問題，作大量無謂資源上的耗費，如果美國欲尋一個新的聯合國中國代表權政策，當依以下原則為政策評選方向：當重視法理基礎而輕政治手段；重實質而輕權宜，**務必展現美國渴望永遠解決中國代表權問題的誠心與意願。**

二、政策選擇與決議

(一) 會籍普遍化決議案（Universality Resolution）：美國將以此一議案，主張「支持中共入會，但反對驅逐中華民退出聯合國。」兩岸各自人民在聯合國都具代表席位，不但符合現實也最能展現美國解決的誠意與理想，可以大幅降低美國過往以緩議拖延或提高票數門檻的政治手段疵議，預期可取得會員國的廣泛支持；會籍普遍原則也為雙重代表案建立了法律與哲學的正當基礎。

(二) 雙重代表案：**會籍普遍決議案固然預料能取得大會通過，但可能會員國接下來仍投票支持阿爾巴尼亞案，因此一個雙重代表案的搭配是絕對必要。**雙重代表案也是最符合美國利益的選擇，原因如下：

1. 合理務實，國內外接受度高，美國可免於僵硬及背棄盟邦批評。
2. 可有效對付甚至拉走阿爾巴尼亞案票源。
3. 對「台灣未來地位」處置，保有充份彈性空間。
4. 通過後，如果中共選擇退出，則理虧在彼。
5. 也有可能中共在國際壓力下，接受此一安排而入會。
6. 即使雙重代表權未必能徹底解決中國問題，但至少可為未來其他更有效辦法（approach）的探求爭取時間。

三、有關雙重代表案內容主張有以下建議選擇：

(一) **一中一台**（One China, One Taiwan）：違反兩岸「一個中國」
　　原則及台灣是中國的一部分的堅持，兩岸接受可行性不高。

(二) **一中兩國**（One China, Two States）以一個中國之下的兩個政治
　　實體，各自代表其人民於聯合國。

(三) **一中兩席**（One China, Two Delegations）：不只符合一中原則
　　且以「代表團」避開國家領土、主權爭議，仿蘇聯加盟共和國
　　烏克蘭與白俄羅斯例，預料是中共反彈最低，可行性最高的選
　　擇方案。

(四) **兩席制**（Two Delegations）：視中國代表爭議為中國內政事務，
　　完全避開國家主權爭議，但「掩耳盜鈴」難防他國提案修正。

四、提案策略上

(一) 傾向放棄重要問題案主張：以避開雙重代表案需要三分之二票
　　數適用，造成雙重案得到二分之一票數即可通過。

(二) 中國代表問題表決上，力圖使雙重代表提案優先交付表決，一
　　旦通過後，即裁定阿爾巴尼亞案已無表決必要。如阿案強行表
　　決，則提議因其主張驅逐現有會員國，乃屬一重要事項需三分
　　之二票數。

五、有關安理會席位歸屬

　　如果為展示雙重代表案的誠意與合理，主張中共取代此一席位
當更據國際支持與接受度。但考慮到國府接受雙重代表案已屬困
難，此一立場最好先不提出，暫持開放立場。

六、建議與結論

(一) 雙重代表案的實施務須取得臺北政府配合，尤其是蔣中正總統的同意合作乃當務之急。

(二) 說服台北接受雙重代表案，須強調美國保證台灣的防衛安全承諾，此與台北有無聯合國會籍並無絕對關係；如果台北負氣退出聯合國，不但損害美國人民感情，降低防衛台灣承諾意願，更易造成美國繼續的防衛義務有干預內政之嫌。

(三) 雙重代表案即使通過，中共退出可能性極高，阿爾巴尼亞案也會繼續連年提出，在強迫會員國「雙」案與「阿」案的「零合」選擇下，雙重代表案僅具一或二年可用期限。

(四) 日本的相關意見與看法最為重要。

　　綜合以上論述，尼克森政府時期雖然依舊推行兩中政策，但實質內容已轉移到以北京建交為優先，這與艾森豪以迄詹森時代是以台北國府為主軸考慮的兩個中國內容完全倒轉。至於聯合國中國代表權問題之雙重代表案計畫也與一九六六年大相逕庭，畢竟當時雙重代表案完全是以中共入不入會為問題中心，對聯合國創始會員中華民國會籍保障根本是無庸置疑的；但從上述全面研究報告上看，尼克森的雙案架構是：中共的進入聯合國是理所必須的，執行重點已變成如何力保我國不被驅逐於聯合國之外。在「北京優先」的中國政策下，美國務院也根據既定方針，積極展開與國府進行雙重代表案的接觸與協商。

第二節　美、台雙重代表案之交涉與定案

　　美台雙方代表案正式官方交涉始自一九七一年四月二十三日之「蔣、墨會談」至十月二十五日交付聯合國大會表決止，在整個美

台構思、交涉至「雙重代表案」妥協的互動過程中，本文將分兩段轉折敘述，並以七月十五日尼克森正式宣佈其中國之旅為分界點，藉此可清楚看出兩階段中，雙案政策內容的轉向以及台美談判過程中，雙方在堅守策略底線同時，卻又儘量求同存異的過程。

國際姑息逆流，共產勢力猖獗，充分呈現在一九七〇年第二十五屆聯合國大會「中國代表權問題」表決，「阿爾巴尼亞」（排我納匪）案終於突破多數支持，這意謂美國在明年聯合國大會的程序表決上亦將失去過半數會員國票數用以支持「重要問題案」的通過，中共入會已是勢在必行。在第二十五屆大會中國問題表決結果四天後即十一月二十五日，我總統蔣中正即電示外交部長魏道明我今後聯合國代表權基本政策堅持：

> 魏部長：密。如美方與我商討明年代表權之處理問題我對漢賊不兩立政策絕難改變……無論兩個中國或一中一台之謀略皆是枉費不成。答之。如美國欲保持我政府之權位只有繼提重要問題案之一法……但我此時不必預告其不惜退出聯合國之語……請轉告劉團長，周大使為要。中正。敬。[25]

在此文電中，蔣中正總統下達了明年聯合國中國代表權問題－「漢賊不兩立」－為我交涉之最高指導原則，並明示對雙重代表案之排斥，未來仍將堅持用「重要問題案」對決「阿爾巴尼亞案」，繼續毫無妥協的零和競爭，但也不需把話說死，可見台北方面也預留了退讓底線。有關美方初期動做，依我國史館近期解禁資料顯示：美國在一九七一年一月十八日完成雙重代表案全面評估後，美官方首度傳達雙重代表構想，是在二月藉美國聯合國代表團海軍代表謝

---

[25]　〈總統蔣中正致外交部長魏道明敬電〉，《籌筆》（勘亂時期），第三十六冊，三二日。編號17759，《蔣中正總統檔案》，國史館藏。

德中將與我駐聯合國軍事代表團團長王叔銘商談聯合國代表權問題，並由劉鍇大使轉我外交部：

　　臺北外交部：美代表團海軍代表謝德中將週前與我代表王叔銘將軍談及我在聯合國代表問題……據其看法重要問題案恐難以維持，似可另以新方式提出，先在序文中指出會籍普遍化原則，繼在正文中提及任何排除中華民國之決議案必須以三分之二多數通過……渠又謂目前各國以我堅決反對任何涉及兩個中國之建議至感猶豫，未願驟提新案。但倘我能予默許並聲明在任何情形下絕不自行退出，則中美即可利用一般國家此種不願見我被排之情緒，以確保我在聯合國之席位……鑑於此次謝德中將談話好意謹電奉鈞部參考。[26]

　　按謝德說法除希望軟化我方反抗「兩個中國」態度，切勿負氣退出聯合國，俾為「新案」鋪路外，也提醒國府當今工作重點應以保住聯合國席位，任何阻止中共入會舉動已是無謂抵抗，因此提議「雙重代表案與重要問題案混合決議草案」，案中分兩部分：依聯合國憲章會籍普遍化原則，以二分之一票數通過；但任何排我案，則須以三分之二多數通過，希望藉此安排獲得國際同情與支持，保護我方會籍與中共並存在聯合國。從我外交部呈轉此一與最高當局三個月前所指示之聯合國基本立場完全相左意見，足見我政府內部仍務實地保留相當彈性，因應未來美國中國代表權問題對策。

　　三月九日，美國遣特使布朗來台與我次長楊西昆會晤，席間有關明年聯合國中國代表權問題，布朗表示明年重要問題案策略過關可能性不大並試探提出雙重代表構想。布朗大使提案內容主要約有三點：

---

[26]　〈劉鍇致外交部電〉（民國 60 年 2 月 19 日），《忠勤檔案》，檔號 3010.82/5044.01-73，「中美」，編號一○七，《蔣經國總統檔案》，國史館藏。

（一）支持中共入會。

（二）確保我代表權。

（三）安理會席次則讓予中共。

　　楊次長則當場對布朗表示兩點：（1）對布朗提案我方保留答覆。（2）重要案仍應使用。同時，我方也並不認為布朗所提是美政府之正式態度，更重要是日本對美方有關安理會席次讓給中共一點，也持保留態度。[27]三月十六日，美駐華大使馬康衛晉見當時行政院蔣經國副院長時，建議蔣對雙重代表方案予以認真考慮。[28]程序上，這三次會談僅止於美國決策行動的暗示，試探國府高層對雙重案的態度，紀錄上，雙方沒有對實質內容作深入討論。

　　四月九日，我駐美大使周書楷在臨行返國出任外長前偕同我駐聯合國大使劉鍇拜會美亞太次卿格林（Marshall Green）與國際事務次卿狄柏馬（Samuel De Palma），會面中討論到明年聯合國代表問題，方開始有較實質內容探討，格、狄表示，美方對未來中國代表權因應之策「尚未作最後決定」，但認為雙重代表權是下波保衛戰的主軸政策，因為「重要問題」案模式已經予聯合國會員普遍觀感是美國以「僵局避免問題解決方式，這樣反造就阿爾巴尼亞案的合理和接受。」周、劉則表示仍希望以「重要問題案」為主軸，但接受第三案（雙重代表權）構想，認為在阿案（堅持一個中共）及重要案（一個中華民國）極端之下，雙案的交易性提出可輔助重要案的通過。周則表示雙重代表案與重要問題案並無不相容之處，只要中華民國仍能保有聯合國憲章第十八條保證（排除我會籍受三分之二票數保障），並能有效對付阿爾巴尼亞案，那它有把握說服台北

27　〈關於聯合國中國代表全問題中日東京會談錄〉，《忠勤檔案》，檔號 3010.82/5044.01-045，「聯合國」，編號二，《蔣經國總統檔案》，國史館藏。

28　引自王景弘，採訪歷史－從華府檔案看台灣，頁340。

接受。[29]從這次商談可歸納國府官員雖仍要以「重要問題案」為未來政策安排的主軸中心，但也默認了在下屆聯大重要案已無法獨立應付局面的事實，中華民國政府必須接受友邦的新策略，以便重要問題案能過關並拉走阿爾巴尼亞支持票。

美方為迅速取得我國接受雙重代表案，在綜合布朗次卿及與我官方初步意見溝通反應，四月二十三日，尼克森派遣墨菲特使（Robert Murphy）來台與我蔣故總統中正正式會商今秋聯合國中國代表權問題因應方案，按美國國家檔案局近期解密資料「蔣墨會談紀錄」（Summary Record of A Conversation Between President Chiang Kai-shek and Mr. Robert D. Murphy）中（見附錄二），可見墨菲傳達美方意見如下：

(一) 今秋聯大上，依目前阿爾巴尼亞案（美國估票為五十六：四十八）的優勢及自二十五屆聯大迄今，陸續已有八國與台北斷交局面，倘一如以往專憑重要案以保全我代表權案，恐有不夠之處，故美方構想改提雙重代表權案。

(二) 該雙重案一方面依會籍普遍化原則，准許中共入會，另一方面基於我國聯合國創始會員，對我在聯合國之席位加以保障。

(三) 在雙重代表權安排下將不涉及領土主權及合法政府之爭論，蓋此等問題非聯合國所能代為解決，當留待雙方自行解決。

(四) 該項提案將不涉及我在聯合國安理會席位問題，萬一大會有對此修正案提出，美方將設法加以阻止。

---

[29] 同上，頁 341。

墨菲大使再三保證，美國沒有得到蔣故總統同意前，美國不會也無法對雙重代表案驟下定案，並希望蔣故總統能對此一計畫給與明確看法，俾及早因應未來挑戰，蔣故總統則回應國府立場為：

(一) 對美國今秋聯大中國問題表決，重要案無以為繼，而思有以新方案應付，我方自能深刻體諒。

(二) 此一新方案絕不能涉及我在安理會之席位，否則我「寧可玉碎，不為瓦全」，不惜退出聯合國。

(三) 不論成敗與否，重要問題案仍需提出。

由於在墨菲高度保密要求下，當時現場除蔣、墨外僅周書楷外長及為此會商，擔任蔣墨翻譯而暫延赴美履新之沈劍虹大使，按沈大使回憶：蔣故總統對這項計畫「雖然不滿意但表示他可以勉強同意」，但如果此案真的提出「中華民國將投票反對，但我們可以不要求所有友邦都投票」，蔣說「這是我們在會籍上與美國合作的極限。」[30]由於雙方會商層級和代表性之充分，加以墨菲版之雙重代表案調整了布朗案關鍵，能保證我國仍維持安理會席次，除重要問題案的堅持與美國一月份計畫構想（當時是以會籍普遍化決議案作雙重案之配套）有所出入外，大抵在美國談判底限範圍內，因此，在墨菲會談後，「雙重代表案」隨之定調並指導其後台、美外交部及國務院有關內容的後續執行合作。

美國務卿羅吉斯隨即於四月二十八日重申：「有關台灣地位主權未定問題，當交由未來國際決議定案。」[31]依照季辛吉說法這是羅吉斯為雙重代表案先舖設法律基礎，把杜魯門時代以「緩議」案

---

[30] 沈劍虹，使美八年紀要－沈劍虹回憶錄，(台北：聯經出版社，民 71 年)，頁 52。

[31] Henry A. Kissinger, White House Years, p.720.

在聯合國拖延達二十一年之久的「台灣地位未定論交由聯合國決定」命令重新翻出，為雙重代表案合法性（Legality）鋪路。

至於我方動作積極果決更可見蔣、墨會商後，啟程赴美之沈劍虹大使順道在東京之五月六至八日的停留，俾與日本賀屋宣興眾議員、外相愛知揆一及其外務省官員磋商我聯合國代表權方案時，有關立場之完整與明快。沈在六日與賀屋議員表達我政府對美國聯合國新方案（雙重代表案）態度如下：

(一) 原則上我仍認為重申重要問題案為阻匪入會之最有效方法。

(二) 重要案不足以達成我方目的而必須另提新案時則重要案之實質（即我聯大會籍仍需三分之二票數保障）仍需納入新案之內。

(三) 新案決不涉及我安理會席位，此立場乃無法分割及容忍的。

(四) 在上述諒解下，我答應對美方就其所提新案加以考慮並與研商。[32]

由於在雙方都有「重要案不足應付，新方案有其必要」基本共識，在七及八日會商則集中在提案策略上的設計，依我方辦法如下：

雙重代表案如單獨提出，將有甚大危險。蓋「雙」案可能被提議成重要事項處理，如此需要三分之二多數，一旦被否決，則屆時所面臨即為阿爾巴尼亞案，鑑於上屆票數逆差，故其危險甚大。故雙重代表案提出必須與重要問題案力求配合。即用重要案擊敗阿爾巴尼亞案，先使我方立於不敗之地。

但日方看法則認為：

就客觀情勢而言，阻止中共入會之任何方案將無通過可能，依照日本近來所作重要案估票，贊成四七，反對五八，即其證明。因

---

[32] 〈關於聯合國中國代表全問題中日東京會談錄〉，《忠勤檔案》，檔號 3010.82/5044.01-045,「聯合國」，編號二，《蔣經國總統檔案》，國史館藏。

此即使提出重要問題案亦應有所變更，應將重點應用到維護中華民國代表權，「支持中共入會，但同時規定任何排除中華民國建議需要三分之二多數同意」，即日方考慮之謂「變相重要問題案」。此案可與雙重案搭配提出。[33]

由台日磋商顯示，將「重要案」變成更貼切現實又能包容「會籍普遍化」精神，成為吸引更多支持之「變相重要問題案（納中共但排我需三分之二票數）」搭配墨菲版之「單純雙重代表案（不涉及我安理會席位退讓）」配套方案，不但充分符合前（六）日我方所提出之四點立場中第（二）點實質精神。同時也契合美國原先計畫以「會籍普遍化決議案」搭配雙重代表案提出的原始構想，只不過將「普」案「支持兩岸進入聯合國」主旨轉化成中共入會以「程序」事項處理僅需多數決；排除中華民國仍視為「重要問題」需絕對多數，滿足台美雙方都各取所需。

從「漢賊不兩立」的國策指示到墨菲會談後的發展，我外交官員之靈活務實更深刻展現在五月十九日沈大使與國務院情報研究室克萊恩（Ray Cline）談聯大代表事，克氏曾任中情局台灣站長，駐華多年，深曉中國國情，[34]沈信函將此番談話內傳達如下：

---

33 〈關於聯合國中國代表全問題中日東京會談錄〉，《忠勤檔案》，檔號3010.82/5044.01-045，「聯合國」，編號二，《蔣經國總統檔案》，國史館藏。

34 傅建中，「政治分合難料人生際遇無常」，中國時報，民90年8月15日，版三。按克萊恩於一九五八年擔任CIA駐台站長到六二年離任，這四年是中美關係及情報合作的黃金時代，如：國府飛行員駕U2高空偵察機深入大陸高空照相，發現中共在新疆的核子設施、林口監聽大陸站設立到我非洲農耕隊計畫都是克氏推動之傑作。公務之外蔣經國與克萊恩交情莫逆，尤其克萊恩夫人並擔任蔣經國英文教師。兩家更為通家之好，蔣的孩子皆稱克萊恩「叔叔」。

……克氏深明我政府立場，因國策關係自未便更改……克
氏續稱：今秋阿爾巴尼亞案勢必重提……最好由美國商請
比利時提一以過半數即可通過之准匪入會案，另由日本提
一確保我席位案，至於此案通過共匪亦必因我席次獲日本
案之確保而拒絕入會，此項策略如執行順利，或可延用若
干年云。[35]

　　克萊恩建議此一「賊來我不走」逼迫中共堅持本身立場，拒絕
進入聯合國，使結果仍符合我「漢賊不兩立」國策的弔詭策略，從
往後發展證明，確實也鼓勵了我對「雙重代表權」可行性的興趣。
按美國一月完成之雙案設計報告，雖有預測中共在雙重案通過後可
能拒絕接受，但克萊恩卻是第一位公開「運用」此一構想的人，事
實顯示此一構想在日後台美會商關鍵時刻中，也確為美方屢屢提及
勸誘，促請國府接受雙重代表案。[36]

　　五月二十七日，沈大使上任後與羅吉斯首度面商聯大政策問題
中，雙方立場及策略的設計方向，顯然是以蔣墨菲會談內容為準：

　　首先羅表示美國已正式認真「修正」政策，不能執著重要問題
方式，否則我人無論如何努力必將失敗；建議中共以多數決入會，
排除中華民國需三分之二多數同意之新方案。沈則回以中華民國政
府無意堅持如此且並不反對**「能維持重要問題案實質內容的新建
議，尤為重要者當不涉及安理會。」**但國府對此一新方案則無法公
開支持，因為要「中華民國政府予人願意接受支持兩中政策模式的

35　〈沈劍虹致外交部次長電一一八號〉（民 60 年 5 月 20 日），《忠勤檔案》，
　　檔號 3010.825044.01045，「聯合國」，編號二，國史館藏。
36　與克氏相識，目前任教淡江大學知名國際關係學者李本京教授也肯定克氏
　　是自由中國難得友人，有我立場堅定，相信克氏所建議乃誠意為國府「漢
　　賊不兩立」國策解套，俾仍保留國府聯合國會籍之計。

印象仍有困難」，羅則表示了解。沈詢及安理會席次問題時，羅表示美國將以程序理由反對，認為此乃安理會本身權責內事，與大會無關且巧妙回以只要雙案有效通過，中華民國繼續留在聯合國，預料中共勢必拒絕入會，如此安理會問題可說形同沒有發生。[37]

羅吉斯此次磋商將美國看法整理成三點：（1）建議「變相重要問題案」與雙重代表案可保中華民國在聯合國會籍（2）美將力保國府安理會席次（3）只要保住中華民國會籍則中共拒絕入會，安理會就無席次誰屬問題。

七月一日，沈大使繼續拜會季辛吉密談，季氏也表達對今秋我國在聯合國大會會籍樂觀態度，沈報告：

> 今日下午終於得晤季辛吉密談三十分鐘……，季氏聲稱，今年聯大我代表權案，美方仍將遵照墨氏四月底與我極峰所談路線進行，惟關於我安理會席次，經深入研究後，發現問題實較當時想像者為複雜，尼總統所以遲遲不決者其故……現美方大致已準備與其他友邦連署提出「雙重代表權」案，如有主張將我安理會席位讓與匪共之修正案被提出時，美方必以安理會自有權限，聯大不應該越俎代庖為理由盡力反對予以阻止。但值得顧慮者，即使聯大在通過雙重代表權案時不涉及我安理會席位，屆時難保若干會員國認為此乃證書問題，不應該施用否決權，情勢如果演變至此程度，即甚困難因應矣。最後季氏告稱：尼總統本（七）月中返抵華府，即行宣布對我代表權案因應策略等語。[38]

---

37 〈沈劍虹致外交部部次長電八三四號〉（民 60 年 5 月 28 日），《忠勤檔案》，檔號 3010.82/5044.01-045，「聯合國」，編號二，國史館藏。

38 〈駐美大使沈劍虹電〉（民 60 年 7 月 1 日），D2229，「聯合國」，第一冊，《蔣經國總統檔案》，國史館藏。

基本上，沈與羅、季會談結果與沈在日交涉結論並無任何不同，此時，從美國兩大外交政策負責者羅吉斯與季辛吉談話中所表示立場對照我方要求，可說台美雙方都一致的以墨菲版案進行，並決定用變相重要案搭配單純雙重代表案（不涉及我安理會席位）作為今秋聯大中國代表權問題運作策略。可說台、美、日對雙重代表案內容或提案策略都已達成高度共識，日方估票也有七十七票贊成，四十一票反對的優勢，台美對雙重代表案是前景樂觀，頗具信心。

七月四日外交部長周書楷也在其呈報總統蔣中正「關於今秋聯合國大會中國代表權問題我方基本立場說帖」中對近半年來台美日交涉做一總結說明：

在以往半年中，本部官員曾就聯大我代表權問題與美、日兩國官員分別在臺北、東京及華府等地舉行多次會商，並強調必須繼續維持重要問題案之精神與效果，至於所謂「雙重代表權」方案，因與我反對「兩個中國」之基本立場相悖，我自不能接受。惟倘該項方案確在策略運用上有助於擊敗「排我納匪」案，則我可勉強同意就其內容及運用技術與美日兩國開誠相商。但任何情形下，該項方案決不容損及我在聯合國安理會之地位。

至於日本方面，聞外務省現亦在以單純「雙重代表權」案（即不涉及我安理會之席位）及變相之重要問題案（需三分之二票數始能排我）為中心，積極研擬方案，但尚未作最後決定。

美方仍將遵照墨氏四月底與我極峰所談路線進行，惟關於我在安理會席位，發現問題實較當時想像，如有主張將我安理會席位讓與匪共之修正案被提出時，美方必以安理會自有權限，聯大不應越俎代庖為理由盡力反對予以阻止。

歐美各國訪問後所獲印象，目前大多數國家對於單純之「雙重代表權」案（即不涉及我在安理會之席位）均有難色，其中英國外

交部主管官員曾表示單純之「雙重代表權」方案,一旦於聯大會中提出,難免有人提出修正,指定該案為重要問題,前途亦非樂觀云。美國白宮及國務院方面似亦均有同樣之顧慮。[39]

總結在第一階段蔣墨會談後美國國務院與我外交官員交涉內容所表達之訊息,至少已經有以下共識:**(1)重要問題案仍然要提出但內容重點在以三分之二門檻應用在保障中華民國會籍(2)國府願意接受雙重代表權,但決不放棄安理會席位(3)安理會席次美國努力為國府維持但無法保證(4)台北願意策略性做如此讓步,因為評估中共不會依此模式入會(5)但對外,國府仍無法對雙重代表作公開表態的支持(6)台北對尼克森訂七月中才予定案感到不耐。**

在台北政府引頸期待下,七月十五日,尼克森爆炸性宣佈美國國家安全顧問季辛吉已秘密訪問北京,尼克森本人也將接受中共邀請,預定在一九七二年二月親自訪問大陸,遂行與中共「關係正常化」,以「配合目前世界實際狀況」。同日,阿爾巴尼亞等十七國也正式向聯合國大會提出「恢復中華人民共和國在聯合國之合法權利」案。

尼克森對中共新動態,立即衝擊聯合國中國代表權問題情勢。依國務院向季辛吉提出一份備忘錄指出:「尼克森所宣佈引起的反應及影響,大部分各國駐聯合國代表官員,以澳洲為例,相信尼克森的宣佈『將使阿爾巴尼亞案很可能通過,雙重代表案的機會已經喪失。』七月十八日,國務院方面,格林、狄瑪柏向國務卿羅吉斯提出備忘錄,指出美國對中共的新態度『無疑使原本機會很小的雙重代表案及任何形式之重要問題案的機會在減少。』」[40]

---

[39] 〈外交部周書楷上總統蔣中正呈〉(民60年7月4日),檔號D2229,「聯合國案」,第二冊,《蔣經國總統檔案》,國史館藏。

[40] 引自王景弘,採訪歷史──從華府檔案看台灣,頁350。

　　完全蒙在鼓裡的美國國務院不得不重新調整聯合國政策，在尼克森催促羅吉斯美國對今年聯合國中國問題政策必須在八月初宣佈的時間壓力之下，協商焦點轉移到：羅吉斯對我國所堅持「安理會席位如有動搖則中華民國不惜退出聯合國」立場，將如何處理？狄柏瑪指出「我們已不得不認定如果不提安理會席次，雙重代表案在目前新情況下根本沒有希望。」[41]羅吉斯決定只有再下探台北政府底線，說服國府不論情況多惡劣，當保住聯合國。因此，國府是否願意放棄安理會席次以換取在聯合國席位，成為第二階段雙重代表案折衝重點。

　　七月十九日，沈大使在尼克森宣布訪問大陸後，首度聽取羅吉斯有關美國聯合國政策調整談話，要點如下：

　　羅所謂對季辛吉赴匪區事未能早日告我，十分明瞭此事已引起我國之關切及震驚，乃深以無法避免為憾。……羅續謂，經與各國接洽，尤其英國，近已公開宣布皆不願再阻中共入聯合國及獲得安理會席位，故現時之情況為：

(一) 如用以往之重要問題案以對阿案，吾人必定失敗。

(二) 如用雙重代表案卻不與中共安理會席次，而仍由臺灣保持之，亦難獲通過，因美方已向若干國家討論過，所獲實情如此。

(三) 如貴國願放棄安理會席次而只為聯大之會員國則尚有辦法可想，如貴國同意則吾人可共同商討進行步驟，惟貴國無需公開聲明，只暗中告知美方同意第（3）項即可，如貴國不同意則美方恐亦無法再試他案矣。

---

[41] 同上，頁 355。

職稱我為代表權案等候二個月而所得為尼總統之如是宣布。羅答前此會談美方只說願努力以試未作保證，今明知安理會席次不與中共，雙重代表案即無通過希望，但實因各國支持之票數不夠，故不得不如此，方能保持貴國之會籍。……經職詢問，季與周恩來有無任何私下協議，羅答以季氏此行與中共並無秘密協定。[42]

由談話中，羅吉斯清楚表示：我國只有放棄安理會席次採複雜雙重案是惟一確保聯合國會籍之道。而從沈大使一再詢問美國是否與中共達成秘密協定，可見我國對美國誠信高度懷疑，並對兩個多月的努力與等待，眼見先前所達成協商成果功虧一簣，國府難掩失望與憤怒之情。

七月二十三日美駐華大使馬康衛晉見行政院副院長蔣經國，重覆沈羅會談話要點並希望我方儘快接受放棄安理會席位決定：

馬康衛大使

離聯合國投票時間迫切，希望貴國能早做決定並儘早通知美國政府，美國政府曾對各種方案詳加檢討認為：不論提案是重要問題案，重要問題修正案，以及雙重代表權而不涉及安全理事會均無法獲勝，只有維持聯合國會籍，放棄安理會席次之提案可經努力而獲得通過。

吾人深知貴國做此決定非常痛苦，但若首肯，可不必公開聲明，目前時間無多，一俟同意，請儘早通知，便展開活動。……如果中華民國不退出聯合國，中共可能因其先前所揭示之條件，而拒絕進入聯合國，則一切均照舊。

---

[42] 〈駐美大使沈劍虹報告美匪關係發展所做因應措施影本〉，《忠勤檔案》檔號 3010.82/5044.01-38「匪偽外交」，編號三《蔣經國總統檔案》，國史館藏。

蔣副院長

　　四月，墨菲大使與我總統談話中表明，我總統與墨菲大使曾指明安全理事會與聯合國會籍應分別討論，即使聯合國大會通過納匪一案，對安全理事會仍不受拘束，而此次羅吉斯國務卿對我沈大使表示除默認放棄安全理事會席次，即無其他途徑，亦無可磋商，至憾。

　　我國政府仍將儘速決定後通知貴大使與貴國政府，希望貴大使能瞭解我政府立場。

馬康衛大使

　　目前形勢「重要問題」案以不受歡迎，可用雙重代表案提會，勿須使用「重要問題」。

蔣副院長

　　此種方案，我們無法同意。告知美政府我安理會席位如有動搖則中華民國將不能繼續留在聯合國內。[43]

　　鑑於十月聯合國大會即將召開，時間緊迫，美方步步施壓，說服我方接受複雜雙重代表案。在此外在困局壓力下，台北外交官員努力尋求彈性，依據馬康衛大使七月二十日給國務卿報告，台北代理外長楊西昆與他進行高度密談話中，楊表明它正努力在政府內部鼓吹彈性與務實並對蔣介石說明「中華民國退出聯合國意味政治自殺與孤立」「退出而不共立才是苟安與失敗主義」，並聲稱國家安全會議秘書黃少谷也「百分之百」同意其看法。行政院秘書蔣彥士七月二十二日，告訴馬康衛台北即使失去安理會席次，也應留在聯

43　〈蔣副院長與馬康衛大使談話紀錄〉，《忠勤檔案》檔號 3010.82/5044.01-067「中美」，編號六四《蔣經國總統檔案》，國史館藏。

合國。蔣彥士認為蔣經國是一位務實者，並暗示蔣經國反對退出聯合國，即使安理會席次必須放棄也是如此。[44]

七月二十四日，由外交部國組司房金炎呈報「美國與日本討論聯合國中國代表權問題」函電中：

日本駐聯合國副常任代表小本曾及駐美公使大河原於七月二十日赴美國務院訪晤狄柏瑪及格林，美方認為安理會中國席次不予中共，恐難應付當前情勢，美方態度已告知中華民國政府，由其自作抉擇，美方現正候其答覆。

至於確保中華民國在聯大議席之具體方法，美方認為可以配合運用「變相重要問題」及「複雜雙重代表」兩案，並傾注全力爭取「複雜雙重代表」案之「先議權」。[45]

美、日兩個最具關鍵性同盟國達成共識壓力下，七月二十六日下午，台北整理完畢聯合國問題立場，周部長立即指示沈劍虹大使知會羅吉斯，說明我方對中國代表權正式立場：

(一) 如果美國等友邦認為真正已無必要提出重要問題案用以擊敗阿案，中華民國政府願意放棄使用以往之重要問題方式。

(二) 由於美日兩國政府迭次表示願盡一切努力使我留在聯合國內包括重要問題案，提案使任何排我案需三分之二的多數票，因此我政府同意會同其他友邦共同提出此一保我案。

(三) 我政府殷切期盼美日聯合其他友邦助我擊敗排我納匪案。但周部長文電接著指示沈大使「以上三點是我方政府正式答覆，下開數點可轉告美方，惟盼美方絕對保密並勿列入紀錄」：

---

[44] 引自王景弘，採訪歷史－從華府檔案看台灣，頁353。

[45] 〈外交部國際組織司房金炎報告〉（民60年7月24日），檔號D2229，「聯合國案」，第二冊，《蔣經國總統檔案》，國史館藏。

**（1）中華民國政府可以瞭解美日確認有提出雙重代表案之必
要，但懇切希望此雙重代表案切勿提及我在安理會席位；**

**（2）倘其他會員國以修正案方式或單獨提案方式剝奪我在安
理會席位，中華民國政府鄭重要求美國不要參與連署或
修正任何有關排除中華民國安理會席位之提案；**

（3）中華民國政府對任何形式之雙重代表案，必須發言反對；[46]

就此份關鍵文電可見，就保密部分（1）、（2）點而言，國府
接受「變相重要案」，願意正式放棄過往中共入會之「重要問題」
案適用。至於安理會問題，國府態度則已顯示安理會席次退讓的心
理準備，指望美國在安理會席位立場能低調或消極態度以對，這顯
然是避免激起島內反美情緒，俾維持國府尊嚴及保護政府內彈性務
實者勢力，不致危及雙重代表權的支持空間。

台北在立場陳述後，美國政府有關聯合國中國代表權聲明亦決
定在即，七月三十日，羅吉斯邀約沈劍虹大使及劉鍇大使簡報美國
政府將在八月二日對聯大代表權的公開聲明，也算是對台北二十六
日原則的具體回應，美國結論是：

(一) 支持一項決議案使貴國政府及北京政府都有代表權，任何
排除中華民國會籍建議須依聯合國憲章第十八條規定，必
須有三分之二票數才能通過。

(二) 設計今年聯合國大會以一**變相重要問題案**先通過，次即設
法搭配**雙重代表案**優先過關，然後以此事已經解決為理
由，阻止阿爾巴尼亞案再被提出的提案策略。

(三) 安理會席次問題，美國立場將採『默認』，羅吉斯答以美
國將接受安理會席次多數會員國決定。[47]

---

[46] 外交部周書楷致〈駐美大使沈劍虹第七九八號電〉（民 60 年 7 月 27 日），
　　檔號 D2229，「聯合國案」，第一冊，《蔣經國總統檔案》，國史館藏。

　　八月二日，美國務院正式發佈『美國對聯合國中國代表權政
策』：「在過去二十年中，亞洲政策中再沒有比中國問題相關的聯
合國代表權問題，如此困惑了全世界。……美國將於今秋在聯合國
大會中支持給中華人民共和國席次的行動。同時美國亦將反對任何
排斥中華民國，或用不同的方法剝奪它在聯合國代表權的行
動。」……「至於安理會的中國席次問題，在我們這方面說，自然
要由聯合國的一百二十七個會員國來決定。」[48]

　　至此美國確立了今年聯合國雙重代表權提案策略：變相重要案
加上一個「中性」雙重代表案，基本上維持了七月十五日之前墨菲
路線。這顯然是美國不欲過度刺激台北的緩兵之舉，避免我政府可
能受安理會席位退讓北京，招致強烈國內反彈，反削弱支持雙重代
表勢力，因此只有先求同存異，而在此一爭議上暫時擱置（耗費近
兩個月的時間），採取交由會員國的意向探測後，再做調整。

　　美國國務卿羅吉斯於八月二日中午發表正式聯合國中國代表權問
題之聲明後，接下來中美談判發展，值得注意重點有：（1）中共對美
國八月二日的聲明反應為何？（2）此一反應對美台暫時先擱置的安理
會席位最後歸屬有何影響？（3）美台最後決定的提案版本為何？

　　八月三日，我駐聯合國大使劉鍇電告外交部有關美國代表布希
（George Bush）面交「中國代表權問題草案稿」，其中兩點如下：

　　(一) 重要案如先表決通過，許多久已支持該案之國家以為我席
　　　　 位已可保全，因而對阿案投棄權票，結果贊成阿案票數可
　　　　 能達到三分之二，而使我席位發生意外。

47　〈駐美大使沈劍虹聯合國常任代表劉鍇致外交部次長第〇四四號電〉（民
　　60 年 7 月 30 日），檔號 D2229，「聯合國案」，第一冊，《蔣經國總統檔案》，
　　國史館藏。

48　國際現勢，第八〇六期，（民 60 年 8 月 16 日），頁 6～9。

(二) 雙重代表案如能優先表決獲通過，則阿案即當然失敗，而不必付表決，故爭取雙重代表案優先表決最為重要。[49]

依照布希此一建議，重要問題案就不必提出，因為雙重案能優先提出又取得通過，則中國代表權問題自然也塵埃落定，但問題關鍵是：仍懸而未決的雙重代表案中安理會席次歸屬內容為何？八月十一日，美代表團約集菲律賓、泰國、日本、澳大利亞、紐西蘭、比利時等六國會商，出席代表分別表示如雙重代表案能提及安理會席位予匪，可使大家相信此係確有誠意尋求解決之提案（credibility），尤以紐西蘭代表主張最力。[50]

至於中共自美國八月二日聲明後，開始一系列激烈反應，八月四日，中共新華社強列抨擊美國八月二日聲明，「對羅吉斯所說的『兩個中國』、『現實情況』完全是幻想。世界上只有一個中國，就是中華人民共和國。」緊接著，八月九日，周恩來堅決表示：「如果兩個中國的局勢在聯合國內出現的話，中共將斷然不會接受聯合國之席位，縱使聯大屆時通過的提案，暗示台灣地位仍然懸而未決，中共亦不會進入聯合國。」周並特別澄清，「決無與國家安全事務顧問季辛吉達至任何秘密協議。」[51]

八月十七日，在聯大議程會員國提案截止前四天，由於台美仍協商未果，美國聯合國大使布希只有先向聯大秘書長宇譚（U Thant）提出「中國在聯合國代表權備忘錄」「掛號」報備，文中僅以原則

---

[49] 〈劉鍇致外交部次長第五六〇號電〉（民 60 年 8 月 3 日），《忠勤檔案》，檔號 3010.82/5044.01-045，「聯合國案」，編號二，《蔣經國總統檔案》，國史館藏。

[50] 〈劉鍇致外交部次長第五七五號電〉（民 60 年 8 月 11 日），《忠勤檔案》，檔號 3010.82/5044.01-045，「聯合國」，編號二，《蔣經國總統檔案》，國史館藏。

[51] 國際現勢，第八〇七期，（民 60 年 8 月 23 日），頁 6～7。

性說明:「聯合國於處理中國代表權問題時,應體認中華人民共和國與中華民國兩者之存在,其規定中國代表權之方式亦應反映此一無可置辯之事實。聯合國對於中華人民共和國及中華民國彼此衝突之權利主張,毋需採取立場。所以,中華人民共和國應有代表權,同時應規定不剝奪中華民國之代表權。」[52]

對布希此一備忘錄,中共一般不領情,八月二十日中共外交部正式聲明:「中國政府鄭重聲明,只要在聯合國裡出現『兩個中國』、『一中一臺』,『臺灣地位未定』,中華人民共和國政府就堅決不同聯合國發生任何關係;中華人民共和國在聯合國的合法權利之被剝奪,是美國政府一手造成的。恢復中華人民共和國在聯合國的合法權利和把蔣介石集團驅逐出聯合國,這是一個問題不可分割的兩個方面。」

從未來演變分析,中共堅定的「誓不兩立」態度,對台北政府似乎是一種「鼓舞」,因為這意謂著「克萊恩提議」有其可行性,誘使國府最後願意孤注一試;而美國則在國際票數壓力下,又面對中共如此絕決態勢下,終於決定放棄國府在安理會席位。

八月二十一日,我外交部北美司錢復與美國大使館副館長來天惠洽談聯合國中國代表權案,談話中顯示:

我政府外交部已於昨(二十)日通電駐全球各地我國使館向駐在國政府進洽說明**我盼各該政府投票支持雙重代表案**。

來天惠繼作如下陳述:目前最嚴重之困難則為絕大多數之國家認為單純之雙重代表案無法接受或無法獲得足夠之支持票,而主張用複雜雙重代表案,即明白規定安理會席位給予中共。

---

[52] 外交部,中華民國出席聯合國第二十六屆常會代表團報告書(台北外交部國際司,民 61 年 4 月),頁 6～7。

來嗣稱：渠前以提出最嚴重之困難為美國進洽之國家中大多數主張採用複雜雙重代表案，除上述澳、紐、日、土、比等國外，以下各國也表示願連署複雜案：奈及利亞、迦納、荷蘭、秘魯、蘇丹、突尼西亞、摩洛哥、伊朗、肯亞、蓋亞那、奧地利、黎巴嫩等。

來於結論時指出，目前主要問題為安理會席位問題，美深切瞭解我方之立場，但同時其他國家之態度亦極明顯，但此一問題在下週中必須解決，否則時不我予。

錢復並代周部長代為轉達，請來氏報告馬大使及國務院：自尼克森總統宣布擬訪匪區，我國內有人認為季新格訪問匪區時必已就聯合國問題與周匪獲得秘密協議。由於共匪此次聲明，則可引證美匪問題並無秘密協議，目前美為保障我在聯合國之地位積極爭取支持，其種種努力本部甚表欣賞，今後尤盼協調連繫。來對職所告各點甚為感動，一再表示美匪間絕無秘密協議。[53]

從錢、來會談中可見：

(一) 我已敦促駐外大使向駐在國政府希投票支持單純雙重代表權。

(二) 來氏明白照會國府：美國在票數壓力下，不論如何將決定由中共取代安理會席位。

(三) 台北澄清了季辛吉與周恩來並沒有秘密交易的疑慮，回復了七月十五日以前般對美的誠意與信心。

九月三日羅吉斯正式通知周書楷，美國已經決定進行連署複雜雙重代表權案，要求中華民國的諒解與繼續合作。羅解釋單純案無法取得最低限度可接受連署國，其主要原因是決議案未提安理會席次問題，至少四十個國家提及這個遺漏，並指出不提出安理會問題，

---

[53] 〈外交部北美司長錢復上部長周書楷簽呈〉（民 60 年 8 月 22 日），檔號 D2229，「聯合國」，第一冊，《蔣經國總統檔案》，國史館藏。

雙重案毫無成功機會。有些國家甚至把美國是否願意列入安理會席次問題，作為美國是否誠意推動雙重代表權的考驗。因此，美國已經對可能連署的國家外長發出急電，尋求他們支持修正的雙重代表權案，把安理會席次讓給中共。羅認為不採取新步驟，重要問題案將大敗，阿爾巴尼亞案將大獲全勝，雙重案不會有機會表決。

九月四日，周恩來於北京接見瑞典代表團時，駁斥羅吉斯交易：「中共接受台灣之聯合國席次，美國則同意中共取代安理會席次。」

九月十六日，聯合國大會開幕的前四天，美國總統尼克森在記者會中終於親自出面將雙方僵持不下的爭議拍板定案：

「我們允許且將投票讓中華人民共和國進入聯合國，自然，這表示給他們在安理會的席位。」[54]

尼克森的聲明嚴重影響了我方於七月二十六日所提之四點聯合國立場要點中，一直希望美方不要在安理會席位問題表態的要求，以避免我國內、外尊嚴的喪失，尼克森的舉措使八月二十日台美才恢復的互信關係又跌入谷底，九月十八日我總統府秘書長黃少谷電告周書楷對聯合國中國代表問題處理原則：

(一) 尼克森以搶先姿態宣佈將安理會席次予匪對保我措辭則消極無力。

(二) 從墨菲四月來台時之表示至前日羅吉斯對兄之表示，雖我方節節委曲求全，而美方誠意則越來越難捉摸。

(三) 美方將單純雙重代表案改為複雜案並搭配變相重要問題案，我必須提高警覺，於判明兩案通過無望，而阿爾巴尼亞案通過卻成定局時，斷然主動退會，免於受辱地位。

(四) 退會時需發表正大聲明，以明歷史是非。[55]

---

[54] 國際現勢，第八一二期（民 60 年 9 月 27 日），頁 5。

[55] 〈總統府秘書長黃少谷致外交部長周書楷第三○三電〉（民 60 年 9 月 18

九月二十二日，在聯合國大會正式開幕的兩天後，美國終於正式第二十六屆聯大常會提出具體中國代表權問題之相關議案。至此，台美有關聯合國中國代表問題政策全面定案，我國固然堅守安理會席位或單純雙重代表案至最後一刻，但也只能默許「複雜雙重代表案」成為最後選擇，我國態度則是如果友邦國家探詢，中華民國大使可以告訴駐在國，中華民國希望雙重代表案能通過。至於我方一貫堅持的重要問題案被迫以「變相重要問題」案提出。國府最後的希望也只能寄託變相重要問題案通過，中共憤不入會，以拖待變。

第三節　聯合國大會第二十六屆常會之進行

綜觀台美聯合國政策談判歷程，從七○年十一月我政府「漢賊不兩立」的國策宣示，但在七一年四月二十三日蔣墨會談裏，當台美達成單純雙重代表案是應付當屆聯合國問題的政策共識後，此一立場即已實質放棄；殆七月十五日，美中（共）交往浮現檯面，台美又耗時兩個月在複雜雙重代表案（安理會席位歸屬）的折衝後，九月十六日，尼克森終於不耐國務院與台北的托阻，出面拍板定案；國府對尼克森「搶先及缺乏誠意」舉動，雖無奈默認，九月十八日，仍由黃少谷秘書長電示我聯合國代表團「寧可退出，決不受辱」之指示方針後，台美對第二十六屆聯合國大會中國問題政策談判，才勉強大勢底定。我代表團也在外交部長周書楷領銜下於九月十六日抵達紐約聯合國總部與美國共同為「複雜雙重代表案」作最後遊說拉票的努力。

日），檔號 D2229，「聯合國」，第一冊，《蔣經國總統檔案》，國史館藏。

　　九月二十日，美駐聯合國代表布希召開記者會中，對中國代表權問題談論中表示：「對雙重代表權成功機會深具信心，惟非常接近，相信會是場苦戰。並感謝中華民國過去六個月來無從預見的彈性。」至於回答記者有關「雙重代表權」美國的解釋看法，**布希回以雙重代表權要點是「我們不討論誰是中國的唯一合法政府，我們所做是以聯合國這個以政治為主的組織對此一現實──中華民國一直以來是聯合國忠實會員，另一方中華人民共和國則統治著更多人口──做政治上的決定。它不需要會員國改變他們的承認政策，也不約束投票贊成國將來涉及有關法律和外交情況時應該處理。」**[56]布希上述理論完全是美國二十年前所反對聯大秘書長賴依理論的翻版，如今採奉，國府也只能感慨昨非而今是，形勢比人強。

　　十月三日，羅吉斯趁聯大開會之便，召開美、澳、紐公約年會，會後美、澳、紐三國發表聯合公報：「支持美國對聯合國中國代表權問題的立場，主張容許中共進入聯合國並取得安理會常任理事席次，但聲明聯合國排除中華民國卻與國際現實更相違背。」[57]

　　十月四日，羅吉斯在聯合國大會發表政策演說：

　　「美國支持安全理事會席位應該由中華人民共和國充任。但將中華民國排除出這一國際組織之外，是不切合實際的，中華民國在臺灣所治理的人民，較一百三十個聯合國會員國中三分之二國家各個治理的人民為眾多。」「本項提議（雙重代表權）無意將中國分列為兩個個別的國家；因為我們畢竟了解，白俄羅斯和烏克蘭都不是個別國家，這不過為有關人民提供代表權，且由實際統治者來代表。

---

[56] 國際現勢，第八一二期（民 60 年 9 月 27 日），頁 6～7。
[57] 聯合報，民 60 年 10 月 4 日，版二。

雙重代表權案制定，只是根據目前的事實情況；並不尋求凍結未來的情勢發展，並賦予全體中國人民這一組織的代表權。」[58]羅吉斯此一談話，乃企圖向中共輸誠，雙重代表案與北京一貫反對之「兩個中國」或「一中一台」的兩岸安排並不劃上等號，並舉烏克蘭、俄羅斯之例，矮化我國地位，同時，美國也暗示中共雙重代表案亦對台灣地位的永遠主張，只是一過渡的權宜安排。

十月五日，美國白宮宣佈季辛吉將於月內再度訪問中國大陸，為已呈緊繃之雙重代表權案，幾乎投下崩盤變數。我外長周書楷緊急約晤羅吉斯，評估季辛吉此一宣佈對中國代表權投票之影響，羅、周會談伊始，羅即保證「季辛吉此行僅係尼克森總統之中國訪問做事務性之安排。」[59]並牽強解釋「此一事實當可使若干對中共持恐懼態度之國家，相信渠等投票支持美國之提案，並不致損害渠等與中共之關係。此一宣佈與美之爭取拉票工作將有裨益。」

周則不以為然，駁以：「吾人最關切者乃此項宣布之時機問題。以致國際對貴國之動機予以誤解。渠等可能認為貴國對改善與中共之關係較維護敝國在聯合國之合法地位更為重視。目前美案之正反票距極近，倘有少數國家作此種解釋，則其後果將不堪設想。」

羅卿反舉剛果為例，代表若干非洲國家之態度，「渠等似認為台北並不樂見美案獲得勝利。」暗指我國似不甘心複雜雙重代表案的接受，導致剛果「寧願支持重要問題案，反對複雜雙重代表案。」

周則澄清：「吾人曾全力向非洲友邦說明我國之立場並表示不反對渠等投票支持複雜雙重代表案。而貴國今日之宣布倘對投票發

---

[58] 國際現勢，第八一五期（民 60 年 10 月 18 日），頁 9～10。

[59] 依陸以正，孤臣無力可回天－陸以正的外交生涯，（台北：天下遠見雜誌，民 91 年），頁 191。指出季辛吉出訪大路動機真相是因九月十六日林彪兵變失敗，墜機於外蒙古，舉世震驚，尼克森深恐明春訪問大陸之事生變，故派季辛吉前往大路弄清情勢。

生不利影響則後果誠屬不堪設想。我外交部亦曾電，訓令駐外各館為美案向駐在國進洽。」[60]從周、羅此番對話可見，雙方竟相互質疑對方執行雙重代表案的真心誠意，我方認為在此時機，季辛吉的出訪大陸，無異叫國際社會心領神會美國真正態度；美國則懷疑台北只要在重要案過關後，可能過河拆橋對雙重代表案倒戈，讓中共依然拒於門外。

十月十八日聯合國大會正式進入辯論中國代表權問題階段，歸納各國所提有關中國代表權問題決議草案及修正案有以下各項：

一、**阿爾巴尼亞草案**－由阿爾巴尼亞二十三國連署提出，內容：

「確認中華人民共和國政府為代表中國出席聯合國之唯一合法代表，並為安全理事會五常任理事國之一，並立即驅逐在聯合國及一切與有連繫之組織內，非法占據席位之蔣介石代表。」

二、**重要問題案**－日本、美國等二十二國連署提出。內容：

「大會中之任何提議，其結果將剝奪中華民國在聯合國之代表權者為憲章第十八條所稱之重要問題。」

三、**雙重代表權草案**－日本、美國等十九國連署提出。內容：

（1）茲確認中華人民共和國有代表權，並建議應由其出席安全理事會，為五常任理事國之一；

（2）確認中華民國繼續有代表權；

（3）建議所有聯合國機關及專門機關於決定中國代表權問題時，計及本決議之規定。

四、**沙烏地阿拉伯對阿案之修正案**－中華人民共和國在聯合國應取得合法地位，並以安全理事會常任理事國之一身分就其席位，

60　〈外交部長周部長訪晤美國羅吉斯國務卿談話紀錄〉（民 60 年 10 月 26 日，秘字第 1852 號），檔號 D2229,「聯合國」，第一冊,《蔣經國總統檔案》，國史館藏。

臺灣島之人民，應保留其在聯合國及所有與其有關各組織內之席位，直至中華民國人民能在**聯合國主持下舉行複決或全民表決**而就下開各項所做選擇時為止：

(1) 以聯合國一項條約所確定之中立地位，作為一個**主權國家繼續獨立；**

(2) 與中華人民共和國組成一個**聯邦。**

(3) 與中華人民共和國組成**邦聯。**

五、**突尼西亞於十月二十五日下午在第一九七六次全體會議所提出草案：**

鑑於中華人民共和國並不對臺灣島行使主權，請中華民國代表團在依照任何之國際決議或國際協議之條件下，繼續**以臺灣名義持有大會及聯合國各機關內現有席位**，但安全理事會內之常任理事國一席應交還中國之唯一代表中華人民共和國。[61]

本項目（中國代表權問題）之一般辯論自十月十八日上午第一九六六次全體會議起至十月二十五日下午地一九七六次全體會議始行結束，連我國本身在內共經發言者有七十四國，七十六次。在七天辯論發言中，主要內容都集中在阿案及美國之重要案和雙重案，支持阿爾巴尼亞案者發言要點為：

1、本項目議題為中共「恢復權利」不涉及任何「除名」問題。

2、中共自政權成立即報備聯合國秘書長及大會，任派張聞天為中國代表大使，此一問題純粹是證書問題只需單純多數即可解決，非憲章第六條所稱需先經安理會會建議始可除名問題，更非憲章第十八條重要問題。

---

[61] 引自外交部，中華民國聯合國大會第二十六屆常會代表團報告書，頁53。

3、雙重代表案無論如何解釋旨在製造『兩個中國』或『一中一台』局面，台灣是中國一部分，即台灣當局亦同意此一主張，憲章更不容許分割會員領土主權之完整主張。

4、斥責美國雙重代表安排企圖使分割永久化，是介入中國內政行為。

支持美國雙重代表提案主要內容為：

一、中共既非會員自無任何權利應予「恢復」，更談不上要排除任何會員。

二、中華民國二十餘年，以創始會員身份，信守憲章不渝，此一排除建議絕不能逕以簡單多數取決，而是必須三分之二始能取決之重要問題。

三、現中共並不控有全中國土地，亦非中國惟一代表，何況中華民國有一千四百萬人民，忠於憲章並與五十九國有邦交，其社經體制與中共迥異，自決不能輕易加以排除。

四、揭櫫憲章普遍化原則，以政治力運作，接受一會員而對另一國家排除，不只與此一原則矛盾相背；此惡例一開，依樣畫葫蘆繼起排除之事必層出不窮。[62]

我代表團團長周書楷也作了保衛我國會籍的發言，惟全文重點聚焦在「排除中華民國會籍，實為一項極端嚴重之事，勢將造成一項悲劇性的大錯，所有聯合國組織忠實會員國均應堅決有力地加以拒絕。」全文不見雙重代表案字眼，遑論國府支持或反對的立場表達，可見不公開反對已是國府支持之意的最大表示了。[63]

二十五日辯論終結，進行優先表決順序之辯論，澳大利亞發言支持美動議，指出過去大會將重要問題案優先交付表決已有成例，

[62] 引自外交部，中華民國聯合國大會第二十六屆常會代表團報告書，頁95～102。
[63] 同上，頁93。

應依此成例辦理。至是大會主席乃依大會議事規則第九十三條之規定，將美動議付唱名表決。

(一) 贊成將重要問題案優先付表決者六十一票。

(二) 反對者五十三票。

主席繼將重要問題案付唱表決，經以五十九票反對、五十五票贊成及十五國棄權而不能成立。易言之，中共入會案只要簡單多數就可通過，情勢已成了一面倒，美國大使布希緊急提出臨時動議，將就阿爾巴尼亞提案分段表決，企圖在恢復中共代表權的第一段通過後，能將驅逐我國出會的第二段，因票數不過半而攔住。布希大使臨時提出的分段表決動議，雖然和得五十一票贊成，卻有六十一票反對十六票棄權，也被打消。到此時，所有可能補就的途徑都用完了。中華民國代表團於是以程序問題要求發言，周書楷步上講台，以沉重心情宣布我國退出聯合國。中華民國代表團離會後，主席即以阿案全文付唱表決，阿爾巴尼亞案以七十六票贊成，三十五票反對，大幅勝利，成為聯合國地2758號決議案：

「恢復中華人民共和國的一切權利，並承認是代表中國在聯合國組織的唯一合法代表，並立即把蔣介石的代表從它聯合國及其所屬一切機構中所非法佔據的席位上驅逐出去。」

二十六日上午的第一九七七次大會，主席隨即裁定，議程的九十三項既獲結論，則第九十六項雙重代表全提案，無須討論，並無異議通過。經半年多努力的雙重代表案功虧一簣，連表決的機會都沒有。聯合國爭執了二十二年的中國代表權問題，終於落幕。

第四章　雙重代表案失敗原因

　　華府與台北籌劃半年餘的雙重代表案，就這樣連表決機會也沒有，就黯然落幕。讓人不禁質疑雙重代表案真的是走不通的第三條路嗎？國際接受度會如此冷淡排斥嗎？重新檢討這段歷史，探究雙重代表案不能保留我國聯合國席位主要原因，與其一般歸諸於國際因素，實不如反求諸己來得根本。尤其從歷史時機與執行策略角度檢討，首先，我國錯失接受雙重代表權的最佳時機，畢竟國際間雙重代表權構想可遠溯自一九五〇年「賴依主義」，期間國際間之鼓吹蘊釀及美國「隱藏性」的支持，國府對此一主張當不陌生，更非突兀。到一九六一年起，歷屆聯合國大會會員國的表決結果顯示，當愈來愈多聯合國會員不斷希望我國接受雙重代表時，我國當時如能體察時勢，當機立斷接受此一安排，我極望可保留會籍，即使中共拒不入會，至少，國際責任究不在我；待至七〇年代，失去天時，企望以人謀挽回時，真正主司美國外交動向之尼克森、季辛吉在「北京建交優先」考量下，玩弄兩手策略，並不能真心貫徹；加以國府限諸國情、法統無法放手一博，放棄重要問題案，公開表態支持雙重代表案，在主事國真心與決心不足下，又如何激勵國際對雙重代表案的信心，以上種種發展皆是雙重代表案失敗的最大因素。

第一節　六〇年代契機之錯失

　　就現實而言，雙重代表案是最能真實反應中國分裂現況下，解決聯合國中國代表權爭議的合理辦法。就政治而言，雙重代表案也

是重要問題案與阿爾巴尼亞案各自極端主張一個中國下，將兩岸共存於聯合國，符合國際需要的折衷選擇。因此，國際社會對雙重代表案並不認為是毫無可行或絕無市場的政策，有關兩岸在聯合國雙重代表權構想，早在五○年代就有一些國家做此希望，到了六○年代，冷戰意識走向和緩時，這個傾向更日益明顯。當時從整個趨勢來看，具相當會員國代表主張「不反對中華人民共和國進入聯合國，但卻不能贊成開除中華民國」，這些國家不但不受美國蘇聯在此一議題的節制，甚至逐步集結勢力，具體以行動完成此一伸張。

　　一九六一年第十六屆聯合國大會上，當民主、共產兩大陣營一如往常對中國代表問題爭議「誰是中國惟一合法代表？」時，這一美蘇主張外的第三選擇的呼籲─「雙重代表權」─已開始聚合發聲。此一「支持中共進入聯合國，但反對排除中華民國」論調主張不只來自民主集團也跨及支持中共入會者。在第十六屆大會上，投票支持中共入會三十六國中，就有瑞典及英國分別表示即使「中國代表問題權問題解決後，**關於解決台灣問題之門應仍敞開。**」及「英國政府相信國際各項生活現實下，需要中共之進入聯合國。英國政府並相信關於此一問題，聯合國必須達成一項為多數會員國可接受**並對一切有關各方均能儘量公道之解決為目標。**」

　　至於投票支持我「堅拒中共進入聯合國」立場之四十八國中，我外交部也分別依支持程度深淺差異，分成三類，除第一類站在我方「拒匪入會」立場者外；第二類反對立場較模糊者就有：澳大利亞、紐西蘭、泰國、馬拉加西、喀麥隆五國。在大會辯論發言時，紐、澳主張：「附議並認為奈及利亞所提議設立一研究機構或委員會將有關中國代表問題做進一步通盤研究，頗值得考慮。」泰國則「不漠視此一有六億人口之強國存在於亞洲。」喀國謂「**目前事實**

上有兩個中國人之國家存在，依照國際法原則，兩個政府皆具備可以承認為主權國家之政治條件。」

第三類者國家是：雖亦支持我在聯合國席位，惟原則上贊成中共進入聯合國。計有日本、愛爾蘭、加拿大、馬來西亞、賴比瑞亞、寮國、塞內加爾等七國。日本謂：「此一有效控制中國大陸六億人口國家，實為不可漠視之事實且獲三十七國之承認，是以依聯合國普遍原則及中共領袖如能應允真誠參加，促進和平之工作並保障其統治人民之基本人權，則中共之進入聯合國當可增進本組織之效能。」加、馬、塞、寮則「一致支持中共進入聯合國，但無法接受蘇聯提案排除中華民國，故不能給予蘇聯提案支持，蓋將中共拒絕聯合國外固不合現實而將我逐出聯合國亦不適當。」賴比瑞亞則坦言「倘無中共之合作世界和平乃不可能。必需能承認現有兩個不同之政府各自主張有權代表中國人民。」

另外，在高達二十國棄權中，奈及利亞、塞浦路斯等國希望「經聯合國之努力由談判謀求台灣與中國分離，保持獨立之存在，並由相關各國談判或者建立適當機構來解決此一代表爭議。」[1]

由以上分析統計可看出，自一九六一年起，美蘇已無法完全控制各國意見，有關中國代表權問題也已經不是「非楊即墨」，至少十六國明顯希望兩案接受雙重代表安排；如果再加上二十國棄權票數，第三種選項力量已經開始聚集成為一關鍵勢力，比較上也取得了相對多數優勢。

一九六五年第二十屆聯合國大會，主張雙重代表問題共有七十一國，經我外交部依發言情形分成七類中，其中：主張納匪而未言明排我之國家計有中非、達荷美、錫蘭、依索匹亞、法國、匈牙利、

---

[1] 外交部，中華民國聯合國大會第十六屆常會代表團報告書（台北：外交部，民 51 年 7 月），頁 38～48。

肯亞、奈及利亞、巴基斯坦、盧安達、塞內加爾、獅子山、蘇丹、瑞典、敘利亞、突尼西亞、烏干達、英國、尚比亞，共十九國。其所持理由側重於會籍普遍原則及中共不進入聯合國，裁軍及其他重要問題無法解決，惟對我並無攻擊言論亦未使用「恢復」中共在「聯合國之合法權利」等字眼。

在主張「兩個中國」之國家者，計有愛爾蘭、新加坡、多哥三國。愛爾蘭認為「**安理會席次應與中共，大會席次與以台灣。**」新加坡主張「臺灣與大陸合併或獨立應由臺灣人民自決，倘自決獨立一國則應納入聯合國。」多哥謂「納匪不應排我，我應仍留在聯合國。」

言論模稜之國家計有阿根廷、奧地利、加拿大、義大利、雅買加、黎巴嫩、馬來西亞、馬爾它八國共同「主張凡遵守憲章之國家，依會籍普遍原則，一切國家在本組織均有代表權。」其實等同支持兩岸雙重代表的構想；加拿大及義大利則「促匪改變現有政策，同時在不違反聯合國原則下，研究解決中國代表問題之合理辦法。」[2]

從一九六五年第二十屆大會表決「排我納匪」案結果，首度四十七比四十七平手且仍高達二十國以棄權表達對美蘇提案的排斥態度上，第三種選擇已是呼之欲出。聯合國對解決中國代表權問題民意取向上，支持兩岸雙重代表的力量不但繼續跨東西兩大集團取得擁護，且更成長到至少三十國明示的支持，明顯已在中國代表問題上取得主流意見。此一第三選擇勢力的崛起壯大，終於在一九六六年聯合國大會時付諸行動，由一直對「兩個中國」或「雙重代表」政策向來情有獨鐘的加拿大及義大利，開始向聯合國大會正式提出，渴望一舉有效解決爭議多年的中國代表權問題。

---

[2] 外交部，中華民國聯合國大會第二十屆常會代表團報告書（台北：外交部，民 55 年 7 月），頁 25～26、46～55。

　　一九六六年一月十八日我外交部北美司蔡維屏與加拿大外長馬丁洽談聯合國中國代表問題要點如下：

　　「馬丁外長表示：加國去年投票立場迄無變更，『兩個中國』或將為解決問題之一項可行辦法，對此一問題加拿大雖不尾隨美國意見，但終將與美國洽商。」遠東司長狄芬貝克亦主張採取『兩個中國』方案，認為中國在聯合國內可有二票，因蘇聯已有三票（指烏克蘭及白俄羅斯），此一方案可由國際保證不影響任何一方將來統一全國後對全國之主權。

　　綜觀加國態度，顯就「兩個中國」研究，構想各種方法以來解決，但加方仍將視美國態度而定。[3]

　　加拿大構想正好配合美國國務院重新構思聯合國新策略的時機，四月，美國新任駐聯合國代表亞瑟高德柏提議由加拿大提出雙重代表案且獲得魯斯克贊同。但七月一日馬康衛向蔣介石提出此一方案，立刻引起國府強烈抗拒，蔣回以：「任何兩個中國的安排，我國只有退出聯合國一途。」魯斯克迫於情勢，只有按下不表。九月，美國終於通知加拿大，美國仍將在今年聯合國大會提出重要問題案。馬丁此時卻不願中止其行動，於十一月三日送了一份『一中一台』草案給予美國，魯斯克大感驚訝。魯斯克對加國政府表示此案只會迫使臺灣退出聯合國，如果此案提出，美國只有反對。魯斯克並稱，如果加拿大覺得要有所行動的話，則可以發起或支持義大利設立研究委員會來研究中國代表權問題的提案，畢竟結果仍是一樣，但作法較為緩和。

　　十一月二十一日，義大利在美國及加拿大支持下，連同比利時、玻利維亞、巴西、智利、千里達等六國向大會提出決議草案一件：

---

[3]　〈總統府秘書長張群外交專報〉（民 55 年 1 月 20 日），檔號 D2229，「聯合國案」，第二冊，《蔣經國總統檔案》，國史館藏。

「⋯⋯決議由大會委派會員國組成一委員會檢討並研究當前情勢之所有方面藉向大會第二十二屆常會提出適當辦法使中國代表權問題符合憲章宗旨與原則之公允實際解決⋯⋯」[4]

此一決定由馬康衛告知我外長魏道明時，魏以：「國府無法接受研究委員會案並考慮該案通過後退出聯合國。」魯斯克為說服台北接受此案，更不要因此退出聯合國，極力向國府解釋，二十六日先透過美國會議員周以德（Walter Judd）向駐美大使周書楷說項：

美政府之所以贊成義大利案，純為打消加拿大提案，爭取重要問題案支持，暨減弱阿爾巴尼亞案票數，係不得已措施⋯⋯二十七日魯再向外長魏道明表維護我代表權立場：

美國因反對加拿大『一中一台』且安理會席位給與中共之提案及憂慮大會內義大利、比利時對此項問題之不受控制，不得已採取一項研究委員會之策略以設法阻止加拿大危險之建議，蓋美國支持義大利係為獲取在重要問題案所極端需要之支助而必須付出的代價。

為保證義大利委員會案提出而國府不退出聯合國，十一月二十八日，馬康衛對國府開列最後保證及溝通：

(一) 重申甘迺迪時代保證必要時使用否決權阻止中共入會的承諾。

(二) 發現中共似見我國政府對委員會案通過後有激烈退出聯合國傾向，而有立場軟化，以便趁機進入聯合國跡象。

(三) 中華民國退會，則對美國在越南及中南半島之地位將大有損害。故希望國府為盟國利，切勿親痛仇快。

4　外交部，中華民國聯合國大會第二十一屆常會代表團報告書（台北：外交部，民 56 年 7 月），頁 45。

(四) 中華民國退會將被解釋是美國之失效，就國府言退會將使
　　 其益趨孤立，他國在法律上更不得不承認中共是代表惟一
　　 中國政府。

　　美國終於說服蔣故總統打消退出聯合國念頭，但國府仍決定義
大利案提出時採退席方式表達強烈抗議。[5]

　　十一月二十九日表決前發言辯論上，美國代表高德柏發言支持
義大利研究委員會提案係基於堅決反對排除中華民國及要求中共必
須宣布放棄使用武力之基本立場。日本則「對義大利就本案所作努
力，頗表欣慰。」但是世事難料，毛澤東忽然在大陸掀起「文化大
革命」，中國頓時陷入權力鬥爭及秩序混亂，國際對中國動態資訊
一時全面斷絕，無人敢在台灣問題上表現任何彈性。[6]當日表決結果
三十四票贊成，六十二票反對，二十五票棄權。贊成義大利提案的
國家，大都是已開發的歐洲國家，尤其是與我有邦交的中南美十九
國，其中就有十二國贊成義大利案，六票棄權。

　　一九六七年，文革此時達到巔峰，蔣介石致函詹森建議「利用
此一良機（Golden opportunity）推翻中共政權，摧毀其核子設施進
而結束越戰。」[7]即使在這樣不利的兩岸氣氛下，義大利再度提出此
案，贊成者三十二國，反對者五十七國，三十國棄權。

　　到了一九六八年，我駐聯合國常任代表劉鍇在聯合國大會第二
十三屆常會就中國代表權問題公開發表聲明：「由義大利、智利、
冰島等國三度提出要求設立一個研究委員會研究並探討此一情勢的
五五〇號提案。對我們而言，這種研究和探討的構成是令人厭惡

---

[5]　〈外交部政務次長沈錡與美國駐美大使馬康衛會談紀錄〉，《忠勤檔案》，
　　 檔號 3010.82/5044.01-067，「中美」，編號六二，《蔣經國總統檔案》，國
　　 史館藏。
[6]　引自陸以正〈微臣無力可回天－陸以正的外交生涯〉，頁186。
[7]　FRUS, 1964～1968, Vol. XXX, China, p.8.

的⋯⋯設立研究委員會的建議，都將無任何裨益，應當視其為又一項徒勞之舉而與以擱置。」[8]然義大利案者仍有三十國支持，反對者為六十七國，二十七國棄權，兩國不參加投票。

　　就票數之統計上分析，從六六至六八三屆的委員會案，即使在我政府的堅決排斥及中國因文革陷入混沌不清，加上「重要問題案」仍然提列，導致嚴重瓜分研究委員會案票源等不利因素影響下，還是相當穩定的有三十個以上國家支持，另外，有二十五國以上國家表棄權，代表是尚可開發票源。因此，依六〇年代國際現勢而言，在中共反修正、反美帝與美、蘇為敵，國府當時若願意掌握時勢走向，放棄重要問題案，單獨以委員會案運作，結合票源，聲稱有效統治領土現台澎金馬，只要美國等盟國繼續承認，蘇聯未必動用否決權；況且當時中共尚未進入聯合國處於被動劣勢，聯合國內，在中國代表權上亟欲突破僵局者皆屬歐、美、日等相當代表性之大國，國際事實承認一旦存在，中共也很難翻案。[9]迨一九六九年尼克森上任，對中國問題已自有定見下，研究委員會案也戛然而止。一九七〇年加拿大率先在十月承認中共；一個月後，義大利馬上跟進，當年第二十五屆聯合國大會辯論發言階段中，也冷清到僅八國代表作「雙重代表」、兩個中國意涵的發言，[10]而國府仍以不變應萬變，一再駁斥兩個中國政策下的任何構思，站在國府立場從當時「漢賊不兩立」演變到「賊立漢不立」，這是不能掌握歷史契機，創造新局結果。時機一旦過去，到頭來再企以「漢賊兩立」也不可得了。

8　外交部，外交部公報，第三十三卷，第四號（台北：外交部，民 57 年 12 月），頁 50。

9　陳勝，瞄準聯合國（台北：新新聞，民 84 年），頁 38。

10　外交部，中華民國聯合國大會第二十一屆常會代表團報告書（台北：外交部，民 56 年 7 月），頁 75～88。

表三 一九六六～六八年聯合國大會表決「委員會案」統計表

年代	支持	反對	棄權
1966	34	62	25
1967	32	57	30
1968	30	67	27

資料來源：引自陸以正，微臣無力可回天－陸以正的外交生涯，頁188。

第二節　季辛吉之兩手策略

　　就美國部分而言，代表國務院的國務卿羅吉斯固然是真心努力保衛中華民國代表權，但此時外交重心事實已轉移到白宮主導之與中共關係正常化上，並由國家安全顧問季辛吉主司其事。大權旁落的羅吉斯從頭到尾渾然不知，甚且被刻意排斥於外。從白宮與國務院分別在進行兩條完全大相逕庭的路線，法國大使也譏諷：「與其說美國是進行雙重代表權還不如言之雙重外交貼切。」[11]因此，本節將直接以季辛吉代表美國做為切入，研究季辛吉在操盤整個美中（共）關係正常化的同時，是如何看待由國務院所主導之雙重代表案？又在季辛吉與中共秘密交往同時，我國在聯合國權益是否早被出賣？將是重點所在。

　　我退出聯合國四天後，十月二十九日，我外長周書楷及沈大使聯袂訪晤季辛吉，檢討我聯合國表決失利之因素，季辛吉當即撇清我代表權之喪失與「余赴北京之行並無影響」並解釋「余之想法為由北京返美後，將切實估計票數，再設法爭取其他國家支持，同時，

---

[11]　引自陸以正，微臣無力可回天－陸以正的外交生涯，頁190。

余之能與中共接觸，當可使游移不定國家代表相信：投票支持美案將不致激怒中共。」至於失敗責任，季辛吉全推給當時聯合國代表布希，認為「布希實應有辦法使投票延緩，諸如使總辯論時間延長」甚至藉口「鼠疫或其他大災害，把聯合國大廈封鎖一星期或藉口劫機事件之發生，俾分散大會注意力均屬可行之策，布希未能延至十一月，余對此點極為不滿。」季辛吉更數落「兩個月前布希曾以一紙估票名單示余，余直覺認為不可能，可見外交當局之若干估計未盡可靠，在此一意義下，余對投票結果並不驚訝。」季辛吉私底下還企圖把聯合國失敗，怪罪到羅吉斯頭上，白宮幕僚長哈德曼日記中寫下：「季辛吉認為羅吉斯把聯合國表決中國代表權提早一週是要貶低它的中國之行，把台灣退出怪罪到它頭上。」最後季辛吉深以「未能親自督導戰術之採用，本人事後檢討深自慚愧」否則「吾人變更之政策（雙重代表權），本人認為貴國之地位最少可維持五年，將貴國排除聯合國之外，決非美戰略之一部分」，甚至「本人願密告部長：尼克森於此次拉票活動出力甚多，尼總統曾以電話、致函十餘國政府首長。」[12]尤為惺惺作態，極盡推諉敷衍之語。

　　由以上談話中可見，季辛吉只望撇清關係，卸責予國務院而不惜向周、沈連哄帶騙。至於季辛吉如何真正看待雙重代表案構想？從新近美國國家檔案局解禁之季辛吉與周恩來一九七一年七月及十月兩次秘密談話紀錄及季辛吉本人回憶錄『白宮歲月』中有相當直接「露骨」表達：性質上，季辛吉認為雙重代表案根本是一「自毀與笨拙」（self-defeating and awkward）的策略，且是國務院高估「中國遊說團」實力和延續五〇年代「對共產黨軟弱則職位不保」的過

---

[12] 〈外交部周部長訪晤美國總統助理季辛吉談話紀錄〉,（民 60 年 11 月 5 日，秘字第 1876 號），檔號 D2229,「聯合國案」，第一冊,《蔣經國總統檔案》，國史館藏。

氣產物，[13]還嘲諷羅吉斯之熱衷採行雙重代表策略，不過是惟一能用以參與中國政策的憑藉。

戰略上，季辛吉抱怨美國將「中共關係正常化」任務及「聯合國中國政策」不能統籌由國家安全會議掌握反而讓「狀況外」的國務院分享覺得是一「脫序」（aberration）行為，[14]而雙重代表案與突破中共關係任務完全是背道而馳的設計。季以為雙重代表政策惟一功用就是提供美國一個「高尚的下台階」，好讓國際及國內看到美國已經為台灣在聯合國席次盡力維護了，因為不論如何，中共進入聯合國是國際情勢的需要，季更明白表示「不值得為一個挑釁且解決不了任何事情的雙重代表案而破壞與中共建交。」[15]

在三月二十五日的國家安全會議中，季辛吉附和副總統安格紐及財政部康納利建議「既然中共進入聯合國是必然的事，美國實沒必要只為爭取一年或兩年（並非季所謂五年保證）以拖延為目的卻終要失敗的雙重代表案而自取其辱。」季辛吉贊成乾脆繼續採取以往美國反對中共進入聯合國之重要問題案，然後，順理成章被「排我納匪」之阿爾巴尼亞案擊敗，一了百了解決中國問題。季辛吉透露，對此一長痛不如短痛辦法，尼克森也深表贊成，惟尼恐此一不光彩的失敗會顯示美國政府無能，不但招致「頑固」（pigheadness）批評，更將背負出賣台北友邦之責。[16]

在此兩難下，尼克森對聯合國中國問題策略乃決定先視與中共關係突破情況而定，這也揭曉了為什麼四月底蔣墨會談後，美國遲遲不表對當屆聯合國有關中國問題之立場。按季辛吉本人也承認至

---

[13] Henry A. Kissinger, White House Years, p.773.
[14] ibid., p.719.
[15] ibid., p.772.
[16] Henry A. Kissinger, White House Years, p.773.

少他就成功說服尼克森在一月、四月及六月三次阻止了羅吉斯企圖公開宣佈美國「雙重代表」案。[17]而一切拖延顯然只有一個作用：爭取時間予季辛吉到北京執行此一秘密任務。直到七月十五日，季辛吉與周恩來密會後，中共確定在放大「世界一盤局」戰略下，以開展美國關係為政策優先，不視進入聯合國與否為中心議題後，尼克森才允許羅吉斯於八月二日公佈雙重代表計畫。[18]

　　季辛吉一九七一年七月中秘訪大陸回國後，沈大使也不禁自問儘管國務院表面上正就我國聯合國席位問題努力研擬「雙重」方案，但它可能為我們盡最大努力嗎？季辛吉與周恩來密會後，雙方在有關國府在聯合國席位，有無任何秘密協定？七月二十七日，沈大使面謁季辛吉時「我問季辛吉它和周恩來談了什麼？」季辛吉向沈保證「與中共決無任何秘密協定……至於聯合國我代表權問題，他並未與周討論此事，也未談及中國安理會席位由誰屬問題……季認為今年我們還是可以順利過關，承諾美國決不出賣朋友。」沈懷疑季究竟是「表示友誼？還是假仁假義故作姿態？」[19]

　　儘管季辛吉當時牽強地認定其大陸之行無損中國代表權之表決結果，但日後在其回憶也不得不承認「事實上，中國之行已決定了聯合國此一問題結果。」[20]另外，資料顯示也與季辛吉對外公佈「沒有在台灣問題上談判」，事實不符，在七月九日，與周恩來所謂「歷史時刻」對話上，季除當場承諾不支持「兩個中國」、「一中一台」及「台灣獨立」並願以美國撤出駐台軍隊，換取中共協助越戰結束。關於聯合國問題：季辛吉明白表示美國將支持中共進入聯合國並將

---

[17] ibid.

[18] 引自沈劍虹，使美八年紀要－沈劍虹回憶錄，頁 64～65。

[19] 同上，頁 71。

[20] Henry A. Kissinger, White House Years, p.770.

安理會席位交付中共，並要求美中（共）低調進行此事。[21]這與季辛吉七月一日臨行前告訴沈大使「美國繼續墨菲路線（單純雙重案）」完全不符，蓄意欺騙。

十月中旬，當聯大辯論正如火如荼進行時，季辛吉以安排尼克森明年訪問大陸名義，竟毫不避諱再度前往中國。如果要視季辛吉是否出賣中華民國在聯合國權益，十月二十日及二十一日與周恩來兩次談話，清楚描述了雙重代表案是季辛吉利用做為在與中共秘密正常化過程中掩護的工具及對國內保守勢力與友邦承諾不得不安撫交待的敷衍。

就在聯大投票前夕的十月三十及三十一日，季向周說明：七月十五日的大陸之行宣布已引起國內保守勢必的反彈，如果加上今年中華民國被逐出聯合國，勢必造成反對勢力的聯合，不但影響美中（共）建交進展，也會造成尼克森在七二年連任上的阻礙；因此，季建議時機到明年，美國一定緩和策略協助中共入會，也承諾在尼克森第二任內，一定完成兩國建交工作。至於台灣前途，季辛吉輕描淡寫的認為只要放進「歷史洪流的演進」（historical evolution），自可塵埃落定，不值為今秋聯合國之爭議而妨害美中兩國關係正常化的大業。周恩來也完全會意回以「反正中共等待了二十二年……」言下之意也不急於一時。[22]

對已呈緊繃的表決局勢，季辛吉舉止看在國際眼中，怎不心領神會美國真實意圖，當時駐聯合國大使布希抱怨季辛吉訪問時機，

[21] The National Security Archive: The Beijing-Washington Back Channel and H. Kissinger's Secret trip to China, Sep.1970～July 1971, Document 34, p.12.

[22] The National Security Archive: Negotiating U.S.-China Rapprochement-New American and Chinese Document Leading Up to Nixon's 1972 Trip to China, National Security Archive Electronic Briefing Book No.70, p.21.See at: http//www.gwu.edu./nsarchive/nasaevv70/.

完全破壞了美國在聯合國的努力。季既深曉「由於雙重代表案已經表達支持中共進入聯合國立場，結果是鼓勵更多國家去投票支持阿爾巴尼亞案而不是美國所預計的雙重代表案。」[23]值此敏感時刻再訪大陸，季辛吉豈不明知故犯，益雪上加霜。十月五日及十四日，當周書楷分別與沈劍虹、劉鍇大使會見羅吉斯，即指白宮正進行一套完全自相矛盾的目的，這對態度尚未決定國家影響甚大，尤其拉丁美洲國家如巴拿馬、墨西哥都懷疑美國的誠意。周部長因而希望尼克森能發佈一份針對季辛吉大陸之行加以消毒澄清的聲明，自始至終也未見回應，石沉大海。[24]也難怪中共老神在在，早摸清美國底牌，對雙重案毫不理會。當季辛吉與周恩來在七月第一次商討「雙重代表權」問題時，周開門見山的說：「假如美國想將中國分為兩個，搞雙重會籍我們絕對反對，因為中國只有一個，若承認中共就不要承認台灣，否則就不要談了，」更譏諷「美國採取雙重代表案其實是替自己，而非對中共，找麻煩。」[25]

綜括，季辛吉一面對國府極力拖延、哄騙，另一方面與中共早已建立默契，出賣了台灣利益，雙重代表案不過是正常化過程，掩護美中（共）建交之障眼法。十月二十五日，當季辛吉躊躇滿志飛返紐約，同時，聯合國也通過阿爾巴尼亞案。事實上中共得以進入聯合國，功勞簿上尼、季都該記上一筆，因為時間上剛好與他打開大門與中共交好一致。羅吉斯明修棧道，尼、季暗渡陳倉，雙重案再加吸引，也很難說服友邦美國是真心支持的。

23　Henry A. Kissinger, White House Years ,p.773.

24　引自王景弘，採訪歷史從華府檔案看台灣，頁384。

25　參見 The National Security Archive: The Beijing-Washington Back Channel and H. Kissinger's Secret trip to China,Sep.1970～July 1971, Document 34, p.12.

第三節　國府未能表裡如一

台美雙重代表案的整個交涉過程，其實並不和諧共濟，就國府處理態度而言：自始，受制國內「漢賊不兩立」的法統立場，不能公開附和雙重代表案，但現實上，太過堅持國策又不能不顧慮台灣可能遭國際孤立風險，兩者折衷下，蔣墨會談時，國府雖然願意接受雙重代表案，但妥協條件是（一）**仍要提出重要問題案，認為這是法理的代表，也是滿足國人「漢賊不兩立」的具體化保證。（二）安理會席位堅決不退（三）國府不能公開支持雙重代表案，仍然必須發言反對，但私底下卻不反對友邦贊成**。這樣半推半就，使得雙重代表案幾乎形同虛設，且國際觀感是國府仍企圖以「程序手段」阻撓，不願以坦然的政策辦法－雙重代表案，作為解決問題的主軸，大為降低雙重案在國際上號召力。尤其七月十五日季辛吉公佈秘密訪問大陸之旅後，台北對尼克森誠信已全面崩潰，影響所及，雙方對雙重代表案有關安理會席位誰屬決議，延誤了整合時機，直到九月十六日聯大開幕前最後時刻，才由尼克森逕行以記者會拍板定案；同時，國府對尼克森與季辛吉的不信任，不時將政策重心游移到「重要問題」案，不但讓美日懷疑國府另有所圖，更讓友邦無所適從。

自始美國務院就熱切要求中華民國政府能公開在國際間表態支持雙重代表案，以顯現華府與台北願意解決此一爭執長達二十餘年的中國代表權問題之誠意與決心。在五月二十八日，羅吉斯首度向沈大使提出全盤雙重代表案概念計劃時，即包涵「美國不僅是要中華民國政府默許一項新的決議案，而是要『鼓勵』如此決議案。」沈回以「要中華民國政府與人一種願意接受兩個中國模式的印象，實在太困難。我們必須投票反對中共入會建議」，即使到了七月十五日尼克森宣佈大陸之行，中國政策情勢逆轉時，七月二十七日，

周書楷秘密答覆羅吉斯我政府對今聯合國中國問題最後立場之第三點就是：「我對任何方式之雙重代表案，均必須發言反對。」

　　因此，台北必須一方面公開聲明反對中共進入聯合國展現「寧為玉碎，不為瓦全」的立場，但私底下又要各個友邦支持雙重代表案，企圖丟給中共去決定兩個中國政策下的去留，但如此操縱只使原本曖昧不明的雙重代表案，變得在國際間更加撲朔迷離，難以大動國際視聽。以九月二十三日為例，台北外交部在最後關頭還正式發出：「關於一項向聯合國大會提出之草案准許中共匪偽組織入聯合國並取得安理會席位一事，中華民國政府茲鄭重聲明堅決予以反對……特重申其堅決反對共匪入會之決心。」[26]被外界誤解台北政策的轉變，逼得非由美國務院對四十三個駐外大使館急電指明中華民國政府在當天所發表反對美國所提雙重代表案的聲明「只是應付內部」「中華民國政府的立場沒有改變」，它要公開反對但私下促成通過。[27]依陸以正回憶錄指出：

> 我記得那年大會前，外交部給所有駐外使節的訓令，有點半推半就的意味：既促請友邦支持我國會籍，反對排我納匪的阿爾巴尼亞案，又表示如果贊同美國領銜的雙重代表案，我方也能了解。為免駐外使節與駐在國交涉時，偶一不慎，用字遣詞有誤，外交部準備了一份英文說帖，指令駐各國大使與對方外長交涉時，照文宣讀，一個字也不准更改，告辭時，留交對方參考。[28]

---

[26] 外交部，外交部公報，第三十六卷，第三號（台北：外交部，民 60 年 9 月），頁 39～40。

[27] 引自王景弘，採訪歷史從華府檔案看台灣，頁 383。

[28] 引自陸以正，微臣無力可回天－陸以正的外交生涯，頁 189。

這與中共自八月份起在二十、二十四、二十五、二十六日連續對雙重案之決絕聲明，決不給其支持國家任何會妥協的想像空間相較，台北不能作更明確表示，不只減弱雙案氣勢，更讓人懷疑當事國的真正嚴肅態度。沈大使回憶錄對此「窘態」有以下明白的陳述：

> 很明顯地，我們不能支持任何允許中共進入聯合國的動機，儘管這項建議也要求保留中華民國的聯合國席位。當友邦詢問我們，我們希望代表如何投票時，我們不知道怎麼回答。結果，我們只能向他們說明我們的困境，要求他們根據本身的判斷投票。這使我們許多的友邦感到困惑。最後事實證明，這是我們失敗的原因，因為他們不知道我們到底希望他們做些什麼。[29]

至於重要問題案與雙重代表案的矛盾性，按照美國國務院七一年一月中完成之「中美聯合國會籍問題全面研究」之提案策略，原始構想是用一雙重代表案為主案，再搭配一原則性宣示之「會籍普遍化」案，並爭取雙重代表案優先表決，取得二分之一通過後，使後續之阿爾巴尼亞案在中國問題已經解決所以無須再議；即使其他國家為中共提案再議，美國可以在鼓勵友邦提出「重要問題」三分之二運用，予以阻撓。因此，談判初期美國與日本即表示「重要問題」在國際形象不佳，純粹是以程序阻撓，拒絕面對現實以解決問題的非理性作為，希望國府放棄，採用雙重代表案單獨對抗阿爾巴尼亞案。四月份蔣墨會談時，墨菲也聲明這次要誠心解決問題，決不搞「機巧」（no gimmick），即意指先前五〇年代之「緩議拖延」或六〇年代「重要問題」案都是以程序阻撓不是政策辦法，反被國

---

[29] 引自沈劍虹，使美八年紀要－沈劍虹回憶錄，頁55。

際視為缺乏誠意、玩弄技巧的手法。但國府卻執意主張「重要問題」案的提出，才肯接受雙重代表案，五月初，日本建議沈大使單獨提出雙重代表案為沈大使婉拒後，再建議將重要案改成「保我而不阻匪」之「變相重要問題」案與雙重案合併一案提出，沈大使依然不許。殆七月十五日中國代表問題情勢逆轉下，七月二十三日，馬康衛大使向蔣副院長經國提議：「目前形勢重要案已不受歡迎，如能放棄安理會席次，可用雙重代表權案提會，勿須使用『重要問題』。」蔣予堅拒；八月三日，布希再作「重要案實是多餘，雙重案如能優先表決並獲通過則阿爾巴尼亞案當然失敗而不必付諸表決……」等語，依然不得要領。

　　季辛吉一直堅信雙重代表案之具有「自毀與不可行」性，其中關鍵因素就是因為國府堅持繼續提出重要問題案搭配。國府也似乎不能記取六〇年代末，義大利「研究委員會案」與「重要問題案」兩案並舉，結果不但是分散票源，更嚴重是導致「委員會」案同樣被適用「三分之二多數決」規範，導致「委員會案」的更加遙不可及。依據美國沙盤推演，以一九七一年國際情況，假如重要問題案通過，雙重代表是不可能取得此一數目，一旦重要問題案被否決，則意謂阿爾巴尼亞案將為大家所通過，雙重代表案也無須表決了。因此，國府一定要重要問題案的繼續使用，美日自然大惑不解，反而造成美、日對我接受「雙重代表」案的誠信做出合理懷疑，五月八日，沈大使與日本商討此一問題時，日本外務省官員提出：「倘大會通過重要案時，屆時，台北是否會鼓勵其他國家轉而努力設法以擊敗雙重代表案？」[30]十月五日，羅吉斯對周書楷外長及沈大使也質詢：它擔心有些中華民國友邦可能因為國府作法，誤導這些友

30　〈關於聯合國中國代表權問題中日東京會談紀錄〉，《忠誠檔案》，檔號，「聯合國案」，編號二，《蔣經國總統檔案》，國史館藏。

邦對中華民國的最佳支持是「贊成重要問題案，反對雙重代表案，」如此作法將違背中華民國真正利益。沈大使在其回憶錄也指出：

> 我不得不說，在必須當機立斷的時候，我外交當局卻顯得猶豫不決。我在華府的首要任務之一，就是奉命去說服美國官員至少再運用一次『重要問題案』。美國在相當勉強的狀況下同意了。[31]

最後，台美提案策略是重要案與雙重案的搭配，意謂著：重要問題案仍是擔任全面策略的主軸角色，而雙重代表案只是助攻的配角，予會員國觀感還是換湯不換藥。季辛吉清楚指出兩案配套呈現一個矛盾：由於重要案已變成是贊成中共進入聯合國，此意謂著在雙重代表案表決前，中共即已入會，台灣卻是身份不明，豈不反客為主，自貶身價。最後，雙重代表案唯一的機會只能寄望在表決上優先於阿爾巴尼亞案。果不其然九月二十五日，重要問題案既取得優先表決，雙重代表案於法、理不可能進入第二優先順序，自然阿爾巴尼亞案次之，這表示雙重代表案將不見檯面，中國代表權問題的決戰一如往例：仍然是重要案對抗阿爾巴尼亞案，第三選擇依舊埋沒。

　　國府不能當機立斷掌握六〇年代契機於先，又不能放棄重要問題案，明白擁護雙重代表案於後，是註定雙重代表案失敗原因之一。以國府當時尚有五十九國邦交，倘能明確要求國際支持，此一公開態度就算無法迫使美國對台灣在聯大利益做明白承諾表態，至少也可牽制美國「媚匪」行為不致過於囂張。加以慣例，歷來聯大會議中國問題表決順序，美國提案確定有首案表決機會，次之，是阿爾巴尼亞案，但在國府堅持下，將國際觀感實在不佳的「重要案」作

---

[31] 引自沈劍虹，使美八年紀要－沈劍虹回憶錄，頁 55。

優先提案表決，也難怪，季辛吉謂：從議程表決順序就提前說明一切結果了。[32]

---

[32]　Henry A. Kissinger, White House Years, p.774、p.776.

第五章　我國現今平行代表權之主張與作為

　　一九七一年十月二十五日，聯合國大會通過第二七五八號決議，由中華人民共和國取得在聯合國及其所屬一切機構的席位，中華民國因此被迫離開聯合國，此後除了喪失聯合國之會籍外，並陸續失去原所具有的十二個聯合國專門機構之會籍。直至九〇年代初，在全球民主化洪流下，衝倒柏林圍牆，東歐共產政權一個個垮臺；蘇聯在一夕之間解體，瓦解冷戰格局；海峽兩岸的關係，也因民間的頻繁交流，而呈現出緩和的跡象；再加上我國內部社會經歷了經濟生活富裕化、社會結構多元化，逐漸形成一股壓力，期望政府能重返國際社會，力主「平行代表權」主張，參與聯合國則是此項目標最具體的實踐。就台北而言，歷史繞了一圈，又回到起點。在主客已易位及兩岸關係環境下，我政府提出之「平行代表權」內容與「雙重代表權」比較有何不同？現行執行策略進展、阻礙何在？尤其美國對我國重返聯合國的努力所反應之政策與態度如何？將是本章重點所在。

第一節　我國重新「參與聯合國」之主張與過程

　　一九九一年五月，我政府正式宣佈中止「動員勘亂時期」，承認我國政府有效管轄權不及於大陸，接受台灣海峽兩岸同時並存兩個政治實體，各自管轄不同領域的事實。海峽兩岸混沌不清的政治地位業已廓清，為我國爭取與中共在國際間平等參與的權利提供理論基礎。[1]

1　立法院公報，第八十五卷，第三十九期（台北：立法院，民 85 年 7 月 10 日），頁 65～67。

　　同年六月十八日，國民黨立法委員黃主文提出了共有八十五位立委連署的「建議行政院積極拓展外交關係，爭取與國，並於適當時機，以中華民國名義申請重返聯合國」臨時提案，[2]此案並在立法院第八十七會期第三十七次會議以三分之二的票數通過（在場人士七十四人，五十一人通過。）[3]此項提案的構想，係鑒於東、西德經濟模式，並基於「屋頂理論」[4]的精神，從民法上「分別共有」的觀念，提出「持分理論」，主張兩岸分管，但主權皆及於對方。自此，重返聯合國開始成為政府與民間熱烈的討論議題。

　　一九九二年九月透過外交部洽助，尼加拉瓜、哥斯大黎加、薩爾瓦多、宏都拉斯、貝里斯、巴拿馬、拉脫維亞及幾內亞等九國元首或外長，在聯合國第四十七屆大會中呼應或聲援我國參與聯合國的訴求，強調**聯合國會籍普遍化原則**，要求接納我為聯合國之一員。[5]當時雖然尚未明白以重返聯合國作為政策宣示，不過，此舉可視為外交部推動重返聯合國的暖身工作。

　　一九九三年三月六日，外交部長錢復在記者會中，更明確指出「『參與』聯合國不僅是朝野一致的決議，也是全民的希望，事實上，中華民國不僅要參與聯合國，而且要積極參加各項國際組織。」[6]同時，外交部國際組織司司長吳子丹調派駐紐約辦事處處長，部內

2　立法院公報，第八十卷，第四十八期（台北：立法院，民 80 年 6 月 15 日），頁 27～28。

3　立法院公報，第八十卷，第四十九期，（台北：立法院，民 80 年 6 月 19 日），頁 26～27。

4　「屋頂理論」為德國學者提出，意指因戰敗分裂為東、西德的德國，法律上仍然存在，仍然保有人民與領土，惟主權分裂二，因此，東、西德只是統一德國下的甲、乙兩個德國而已。見姚立明，一個中國的憲法意涵（台北：國立中山大學中山學術研究所，民 81 年 12 月，）頁 22。

5　外交部，外交部報告書：對外關係與外交行政（台北：外交部，民 82 年 9 月），頁 230～231。

6　中國時報，民 82 年 3 月 7 日，版一。

成立策略小組，[7]由次長房金炎擔任召集人，行政院並核准設立跨部會決策小組，再再都顯示外交部已經開始展開重返聯合國的工作。

三月三十一日，外交部長錢復在立法院報告「我國重返聯合國有關問題」時，除了重申參加聯合國的方式與困難之外，更提到「參與聯合國為今後對外工作之首要重點……在策略上以營造國際間對本案之注意及支持為當務之急。」[8]值得注意的是，這份報告與一九九一年十月提出的「恢復我國在聯合國會籍等有關問題」報告相比較，已不強調中共對臺灣加入聯合國阻撓，以及擔心加入聯合國造成兩岸關係緊繃。

終於一九九三年四月九日李登輝前總統在國大臨時會開幕典禮致詞時指出：我國可根據國際組織「會籍普遍化」原則推動加入或重返更多的國際組織，其中最重要的就是「要積極參與聯合國」並「希望在未來三年內此一問題能受到國際間普遍的重視、認真的考慮。」[9]是年開始，參與聯合國正式成為我外交工作重要項目。

在李總統正式宣告積極爭取參與聯合國之後，外交部於五月十七日公布『中華民國參與聯合國』專冊，表示了中華民國政府現階段追求，係以國際對中國分裂及兩岸政治實體對等分立的事實瞭解，營造聯合國內外友我氣氛，做為推動重點。這本專冊訴求我國參與聯合國的主張是：

一、中共以二七五八號決議取得在聯合國席位，只製造中國業已統一的假象，並不能真正解決中國因分裂而造成的兩個政治實體並存的問題；

7　中央日報，民 82 年 3 月 7 日，版一。
8　錢復〈我國重返聯合國有關問題〉，立法院公報，第八十二卷第二十期（民 82 年 4 月 14 日），頁 242。
9　第二屆國民大會第三次臨時會實錄（台北：國民大會，民 82 年 10 月），頁 14。

二、自一九四九年以來，中華民國政府與中共政權並存於海峽兩岸的客觀事實，不但傳統國際法即現行國際法亦缺乏堪適用之原則加以規範，國際社會當正視此一現象，尋求解決之道；

三、中華民國有意願也有能力，在國際社會扮演合作及貢獻者的角色，因此，中華民國全面參與國際活動，對國際社會具有正面意義；

四、我國制定「國家統一綱領」做為逐步推進台海兩岸關係依據，在國家未統一之前，明白主張兩岸應「**在國際間相互尊重，互不排斥**」，甚至「**協力相助，參加國際組織**」，因此，我國應有一合理的國際地位並得參與聯合國俾符合聯合國會籍普遍化原則及尊重台灣地區人民基本人權。[10]

　　一九九六年外交部次長陳錫藩在『我國推動務實外交及進軍聯合國之策略』報告中，更正式申明我推動參與聯合國之三原則：

一、不預設立場；

二、不挑戰中共在聯合國現有席位；

三、不排除未來中國統一的原則；

　　並以溫和漸進的手段推動參與聯合國，而訴求重點亦在強調中華民國為現今國際上唯一被排除在聯合國之外的國家，基於聯合國會籍普遍化原則，聯合國大會理應重新檢討二七五八號決議，並尋求一項合理的解決方案。上述原則與策略在國民黨執政已經確定，民進黨執政後，蕭規曹隨，並未稍做更改或修正。[11]

---

[10]　外交部，中華民國參與聯合國（台北：外交部，民 82 年 5 月），頁 1～10。

[11]　田弘茂〈我國參與聯合國策略之檢討〉，立法院公報，第八十九卷第六十期（台北：立法院，民 89 年 11 月 8 日），頁 1～4。

　　同年八月我國外交部中華民國參與聯合國說帖:「重新檢視一九七一年聯合國第二七五八號決議」中第五部份『台海兩岸平行參與國際組織』第二點『代表權與承認的關係』也引用一九五〇年三月聯合國秘書長賴依「聯合國代表權問題之法律」備忘錄主張「……代表權問題是會員國集體行為（collective act），承認問題則是會員國之個別行為（individual act）……」贊成成員國決定與承認中華民國與否無關，更不需中華人民共和國同意。

　　綜合以上我國九〇年代起，重新參與聯合國，所提出「平行代表權」政策之基礎理論，計有:

　　(一) 正視中國乃分裂之兩個政治實體，對等並存海峽兩岸的事實;

　　(二) 依聯合國會籍普遍化原則，互不排斥，都有參與國際組織權利;

　　(三) 不挑戰中共現有聯合國地位;保證未來中國統一;

　　(四) 引用「賴依理論」之「一國有無外交承認與其進入國際組織無必然關係」，

　　相較美國國務卿羅吉斯及駐聯合國代表布希在一九七一年第二十六屆聯合國大會時解釋美國「雙重代表權」提案時所宣佈「美國係依聯合國會籍普遍化原則，支持中華民國與中華人民共和國共存國際組織，此一安排不包括與限制未來兩岸統一原則。」基本上是完全如出一轍的架構借鏡。

第二節　參與聯合國之模式與策略

　　雖然朝野對於進入聯合國的必要性具有共識，但是對參與模式卻是爭議不斷，作法上，由於為避免「平行代表權」尚未蔚為氣候，

反先開始兩岸「一個中國」敏感政治爭議及掀起國內統獨大戰，政府當局自始即務實地採用「參與」聯合國，不言明「重返」或「申請加入」方式。就參與模式選項而言有：

(一) **重返**：亦即要求恢復我國退出聯合國之前的席位。支持認為，聯合國憲章第二十三條第一項明白記載中華民國為聯合國安全理事會理事國我國可依據上述條款，並仿效當年蘇聯、印度與阿爾巴尼亞提出「中國代表權問題」決議案。我國可因二七五八號決議所驅逐的對象是「蔣介石代表」，並非「中華民國」或「中華民國的代表」，而向聯合國大會提出二七五八號決議合法性的質疑，並進而推翻，但前提是必須掌握聯合國大會相當多數的票源。[12]然衡諸國際情勢，我國脫離聯合國已三十年，國際間對我參加及退出聯合國之時代背景，多已生疏。在中共的阻撓與打壓下，就算在大會上成案表決，按例亦要求以重要問題案三分之二決，在多數聯合國會員國為中共邦交國，我僅二十餘邦交小國，「重返」的客觀條件實未成熟。

更甚者，「重返」操作乃欲取中共而代之，仍意味追求單一代表在聯合國。畢竟中國代表權問題在一九七一年的聯大表決中已認定中華人民共和國是中國惟一合法代表，如果可為此一問題再做表決，則是否可有第三、第四次表決？而國際尚有為「一個中國」問題再予考慮之意願與耐心，亦讓人懷疑。而且「重返」目的與我國「平行代表權」主張也不相符合，此一選項自不為我當局採行。

---

[12] 芮正皋，「參與聯合國及其周邊組織的研究」，問題與研究，第三十二卷第十期（民 82 年 10 月），頁 16。

(二) **加入**：以新會員身份申請入會，此法即循《聯合國憲章》第四條第一項規定，重新以「創始會員國以外其它愛好和平之國家」身份申請加入，根據聯合國憲章規定，凡是愛好和平的國家，能接受聯合國憲章所載的義務，經聯合國認為確能並願意履行該項義務者，得為聯合國會員。此種主張普遍為民進黨所採用，力主以「臺灣」名義，以新會員身分申請進入聯合國。

　　根據聯合國過去的實際經驗，加入問題受到阻礙往往不是由於不符合憲章所規定的加入條件，而是由於會員國或安全理事會的常任理事國根據自身的政治利害決定。臺灣如果正式提出加入聯合國申請，程序上，《憲章》第四條第二款又規定：「准許上述國家為聯合國會員國，將由大會經安全理事會之推薦以決議行之。」也就是說，准許加入聯合國必須經九個－包括五個常任理事國－安全理事會推薦，由大會三分之二會員國通過。秘書長將申函轉送安全理事會審查。可想而知，只要中共磋商過程中對臺灣的加入問題提出異議，安理會也不可能向大會推薦。南韓於一九四九年一月就申請加入聯合國，要到一九九一年才如願以償。可見安理會內的「磋商」，是一件很厲害的法寶，一「蹉」就可以磋上四十多年。

(三) **一國兩席**：亦即平行代表權。此法即仿效德、韓兩國先例，以中華民國代表臺澎金馬地區，申請重返聯合國。根據聯合國一九五○年十二月聯合國大會的決議，由聯合國大會組織委員會審議，無須經過安理會，即可避免中共使用否決權，在申請案中，我方可特別強調中國代表權的處理攸關臺海的安全以及亞太地區的和平，並由友好國家在審議

過程中提出折衷方案，一方面不改變中共現有的代表權，並保留中共在安全理事會中的席位，一方面接受中華民國的要求，代表其有效的管治地區－臺澎金馬。由於二十六屆大會曾經否決「中國代表權為憲章第十八條所稱重要問題的議案」，因此此案只須單純多數通過即可，不須三分之二票數贊成。此案無法恢復完整的代表權，但是在兩岸的政治現實下，卻是唯一可能的安排。[13]一九九六年六月十六日陸委會主委黃昆輝在立法院也報告主張：「我方將不斷提醒中共當局，放棄我存你亡的零和競賽，拋開過時的主權觀念，在聯合國及相關組織中暫以『一國兩席』方式，處理臺灣地區的代表權問題。」「『一個中國』是未來的理想，『兩個地區』是政治現實，『兩個對等政治實體』是現階段外交政策與大陸政策努力目標。」[14]這也是我官方對參與模式選項中「一國兩席」正式之公開表態支持。

目前作法上，在「重返」不可行，而以新會員「加入」又將遭中共在安理會使用否決權壓迫兩難下，台北政府另闢蹊徑，本身不提出正式「申請加入」案，而是透過友邦間接以「臺灣國際獨特處境，要求聯合國加以討論處置」提案，避開進入安理會中共阻撓，讓我國的情況與主張能聽聞於聯合國進而為會員國關心討論。一九九三年開始，臺灣乃委託拉丁美洲友邦出面，給秘書長寫信，並附上一份解釋性備忘錄和一項決議草案，請求在聯大議程內列入一個討論項目，即：「根據會籍普遍原則，並按照分裂國家在聯合國已

---

[13] 陳裕清，「重返聯合國之道」，中央日報，民82年8月25日，版二。
[14] 黃昆輝，「兩岸關係對我國外交及僑務之影響」，立法院公報，第八十二卷，第四十二期（台北：立法院，民82年6月30日），頁279～281。

建立的平行代表權模式，審議在臺灣的中華民國在國際體系中的特殊情況。」按照聯大議事規則第二十條的規定，秘書長收到信後，就必須將它當作聯大的一份正式文件，譯成聯合國所有的正式工作語文，分發給各國代表團。這份解釋性備忘錄，說明了在臺灣的中華民國目前的情況，要聯合國應該研究此一特殊情況，並尋求一個公平合理的解決方法，使臺灣也能參與聯合國。

　　按我外長錢復於一九九四年十月五日於立法院報告「外交部實踐務實外交任務的方法與過程」報告中傳達「當體察情勢，因時因地制宜，有立場也有創意，有原則也有權變，以爭取更寬廣的活動空間。」[15]指示下，歷十屆申請主題內容，階段策略上分析，一九九三至一九九六年，我洽請友邦駐聯合國致函聯合國秘書長，要求聯大設立「特別委員會」，研究我國無法正常參與國際活動特殊情況。冀望透過該案審查，促使國際社會對兩岸分治之現況能有所了解，並尋求解決之道。在提案內容上，皆以「根據會籍普遍化原則，成立特別委員會審議我特殊國際處境」為主旨。[16]

　　經過四年的推動，外交部經評估國內外對本案之反應，認為「特別委員會」案之階段性任務業已達成，一九九七年及一九九八年，我提案的內容更改為「要求聯合國大會審查一九七一年的二七五八號決議，並撤銷該決議中排我部分，恢復在臺灣的中華民國參加聯合國組織及其所有有關組織的一切決定權利。」[17]

　　一九九九年，李總統提出兩岸關係是「特殊國與國的關係」之後，我國不再直接要求聯大撤銷第二七五八號決議中有關排我部

---

[15] 立法院公報，第八十三卷，第五十六期（民 83 年 10 月 19 日），頁 81～82。

[16] 胡志強，「我國加入聯合國策略之檢討」，立法院公報，第八十七卷第四十七期，（台北：立法院，民 87 年 10 月 24 日），頁 326。

[17] 田弘茂，「我國參與聯合國策略之檢討」，立法院公報，第八十九卷第六十期，（台北：立法院，民 89 年 11 月 8 日），頁 4。

分，而改採理性訴求，要求聯大設立工作小組，審視我國特殊國際處境，並尊重我國人民參與聯合國的基本權利。此外，提案內容特別凸顯兩岸對等地位，並以南、北韓及東、西德各自聯合國擁有代表權為先例，將「中華民國在臺灣」與「中華人民共和國在大陸」對等並列，使國際社會了解臺海兩岸自一九四九年以來分治共存的事實。[18]

二〇〇〇年，民進黨執政提案內容大體與一九九九年提案相同，要求聯大「審視中華民國在臺灣所處之特殊國際處境」，以確保其人民「參與聯合國之基本權利獲得完全尊重」。二〇〇二年，我政府再度要求「確認中華民國在臺灣，人民在聯合國系統代表權」並「採取適當措施執行本決議」。[19]

我現今「平行代表權」主張建議，都是從「分裂國家」的現實著眼的，目的是要研究是否可能規定兩個政府在聯合國內均有代表權。在國際法上，只要一個政府成為一般事實上的政府，建立了實際有效的、自主的政權，就完全具備被國際承認的條件。準此，臺灣是符合資格的。不過，我們也必須承認，分裂國家的問題相當麻煩，並非只要援引東西德、南北韓在聯合國的「平行代表權」為例，問題就可迎刃而解。東、西德當初在一九四九年分別宣告獨立，一九七三年同時加入聯合國，除了根據的是雅爾達密約和波茨坦協定的安排，更重樣的是一九七二年兩德簽定之「兩德關係基礎條約」，達成「一個民族，兩個國家」（one nation, two states）的共識，雙方彼此承認對方是獨立國，統一大業也將留待人民決定共識建立後，才共同進入聯合國。

---

[18] 胡志強，「外交部長胡志強報告外交業務」，立法院公報，第八十八卷第四十九期，（台北：立法院，民88年11月24日），頁252～253。

[19] 同註17。

　　至於南北韓一九四八年在聯合國主持分別宣告獨立後，在長達四十年冷戰時期，雙方不僅互不承認，加上夾處美蘇政治利害角逐，一直難以加入聯合國。直到冷戰終結前夕，中蘇美日完成朝鮮半島「交叉承認」，一九九○年九月五日，南北韓最大突破舉行總理會談，互以國號相稱。九月十三日，南北韓代表在板門店就雙方加入聯合國問題舉行會談，南韓主張各自加入聯合國，北韓希望南北韓共享一個席次，至九一年五月二十八日，原先支持北韓「一個韓國」的蘇聯與中共退讓，北韓在「邊緣化」壓力下，始改變態度，兩韓才雙雙加入聯合國。[20]

　　從兩德和兩韓加入聯合國之經過，兩德和兩韓在加入聯合國前都已經過協商，或改善雙邊關係，雙方加入聯合國都達成兩德或兩韓為一個國家意識，承諾未來必將統一。之後，兩德和兩韓則以「兩個國家和兩個政府」之立場加入聯合國和國際組織，原因在於國際社會只接受一個國家一個代表權，一個國家出現兩個競爭的代表，這變成內政問題，使國際社會不願介入這種衝突。因此「一個德國」、「一個韓國」問題，由兩德、兩韓自行解決。[21]

　　然而，中共與臺灣的問題，麻煩在於分裂的一方（中共）並不承認另一方（臺灣）是主權獨立的政治實體，也堅持不放棄另一方的「管轄權」，聲稱臺灣問題屬於中國內政，並不同於第二次世界大戰後經國際協議而形成的德國問題和朝鮮問題。中共是擁有否決權的安理會常任理事國，與中共建交的國家有一百六十國，與臺灣建交的近來維持三十以下。在聯合國投起票來，即使中共不動用否決權，臺灣要以分裂國家的地位贏得國際承認，也十分困難。

---

[20] 周煦，「我國參與聯合國途徑」，聯合報，民 82 年 3 月 17 日，版二。
[21] 陳鴻瑜，「我國必須重返聯合國」，中央日報，民 81 年 11 月 11 日，版二。

　　這也是過去十餘年，這個項目在總務委員會關於是否應建議「列入議程」的表決中，一直因票數不足而被「封殺」，未能列入聯大的議程。歷年來我所遭受實際困難主要可見：

一、美國及英法等大國與絕大多數中小國家均重申其「一個中國」原則，在國際上，尤其依然在第三世界，一個中國秩序已經建立。

二、中共安理會的否決權為一無可改變之事實。

三、進入聯合國的第一步必須促使我國提案在總務委員會通過以便列入議程，但北京及其他四個常任安理會理事國之代表均在此一委員會，而其他二十四國，承認我者往往不超過一、二，難有通過可能性。

四、中共對「平行代表權」的反應也是一如三十餘年看待「雙重代表權」態度，指責拉丁美洲國家的提議是「嚴重侵犯中國主權，粗暴干涉中國內政，恣意踐踏《聯合國憲章》宗旨和原則」，是企圖搞「兩個中國」、「一中一台」或「一國兩席」的活動，決不適用聯合國會籍「普遍性」的原則。[22]

　　由以上我參與聯合國工作過程可見，需知聯合國組織本身就是一高度政治組織，因此台灣的進入聯合國不可能完全是以法律方式的完成，政治的事務還是需要以政治的手段達成，即使理論的完整充分也難克服現實的情勢。因此參與聯合國決非一短線工作而是一項艱難的長遠目標，較之三十年前雙重代表案之推動更見難度，參與聯合國更不能一廂情願，低估中共因素及影響力，關鍵態度還是要有中共的觀念支持、諒解，乃不容迴避之現實問題。

---

[22] 楊力宇，「重返聯合國的困難與應有的認識」，中國時報，民82年9月23日，版二。

第三節　美國政府對我國重返聯合國的政策態度

　　我國自一九九三年開始透過友邦提案，正式進行參與聯合國運動後，美國的態度自然相當為我政府重視，尤其是影響國際動向最大指標，雖然美國已於一九七九年一月一日終止與我國外交關係，承認中共是中國唯一合法代表，臺灣是中國一部分，但美國與臺灣在「台灣關係法」維持下，無異承認兩岸分治的事實，因此美國對台灣進入聯合國有何官方政策？政府中國會的態度如何？對近年來我國友邦支持我國進入聯合國提案，美國在總務委員會有何發言立場表態？自然成為我國再度努力聯合國「雙重代表權」進展中，是中共以外，另一重大之關鍵。

　　一九九三年在我國首度經友邦在第四十八屆聯合國大會提案後，美國隨即在次年，一九九四年九月二十七日，由國務院東亞暨亞太次卿羅德（Winston Lord）在參議院外交委員會提出「台灣政策檢討」（Taiwan Policy Review），文中羅德說明：由於台灣經濟發展及政治民主化與中共市場經濟開放，兩岸交流蓬勃發展下，是十五年來，美國首度決定對台政策全面檢討的原因。但羅德也強調此一檢討是在美國對中國與台灣基本架構不變的條件下進行，而所謂的架構就是在「三報一法」：中（共）美一九七二年「上海公報」、一九七九年「建交公報」及一九八七年「八一七公報」和一九七九年「台灣關係法」基礎之下，美國接受「中共是唯一合法代表，只有一個中國，台灣是中國的一部分」，及「美國與台灣人民只維持商業、文化的非官方關係」，並「繼續提供台灣防禦性質武器」。在此一基礎框架下，美國對台重心檢討中，有關台灣努力加入國際組織，美國的正式立場為：「**美國僅支持台灣加入不以國家為會籍條件的國際組織，但美國當支持台灣的意見心聲能表達於這類國際**

組織。」（We will support its membership in organizations where statehood is not a prerequisite, and we will support opportunities for Taiwan's voice to be heard in organizations where its membership is not possible.）[23]，首度成為美國「一個中國」政策主軸下，對台灣進入官方及非官方國際組織基本方針，影響實為甚大；對台灣國際組織空間的期待，羅德等於直接表示美國政府不支持台灣加入聯合國。

　　但台灣力求突破孤立困境並不退縮，繼之一九九五年李登輝總統訪美，導致一九九六年中共試射飛彈，發生台海危機，美國派遣航空母艦臨近台灣海峽，向中共展示防衛西太平洋安全決心，加以美國企圖以中共人權改善換取最惠國待遇貿易的操作，中（共）美關係直落下滑。柯林頓為修補與中共關係，一九九八年六月二十五日，往訪北京與中共總書記江澤民進行柯、江高峰會，在台灣問題上中共見於台灣分離主義，獨立運動抬頭及參與國際事務企圖製造「一中一台」威脅下，中共亦不願與美再硬碰硬，改而「以美制台」，六月三十日，由柯林頓在上海正式重申對台「新三不」政策：「**美國不支持台灣獨立、兩個中國及一中一台。因此在政策一貫性上，美國不支持台灣成為任何以國家為單位之國際組織會員。**」（We don't support independence for Taiwan, or two China, or one Taiwan-one China. And we don't believe that Taiwan should be a member in any organization for which statehood is required. So we think we have a consistent policy.）[24]美國不支持台灣加入聯合國，雖見諸於一九九四年美國對台政策檢討，前副助卿魏德曼（Kent

---

[23] "Taiwan Policy Review", Department of State Dispatch, vol.5, No.42, October 17, 1994, pp.705-706.

[24] 裘兆琳主編，"Excerpts:Remarks by the President Clinton Three Nos"中國關係專題研究，1998～2000（台北：中央研究院歐美研究所，民 91 年 12 月），頁 337～338。

Wiedemann）也曾表示美國支持台灣進入聯合國，會危及台海和平及安定，但由柯林頓說出卻有不同意義。[25]

在一九九四年「台灣政策檢討」及九八年「新三不」基調指導下，美國對我國友邦在歷十屆聯合國爭取「平行代表權」一國兩席方式上所採取態度是：一九九三至一九九八年的總務委員會上，美國及英法皆不發言表明立場。[26]而這六屆總務委員會結論也都以不經表決，主席直接裁定由於未獲共識（即發言國支持聲勢不夠），因此不列入本屆聯大會議程。

表四　1993～2000聯合國總務委員會討論我國提案發言國家統計表

年代	1993	1994	1995	1996	1997	1998	1999	2000
發言支持	3	7	12	17	15	16	20	19
發言反對	11	17	29	37	32	40	48	47

資料來源：中央通訊社編著，1999年世界年鑑：外交與國防篇（台北：正中書局，民88年），頁126～129。

美國沉默態度在一九九九年大會上首度打破，開始對中華民國重返聯合國表示看法。但並非由其駐聯合國代表郝爾布魯克反而由代表團法律顧問羅森史托克表態。羅雖未表明反對此案，卻間接反映了華府不支持立場。羅重申華府「一個中國」既定政策，包括依據三公報及一法（台灣關係法）。同時柯林頓才在亞太經濟合作會

---

[25] U.S. Congress,H.Con.Res.63 Relating of the Republic of China（Taiwan's）Participation in the United Nations, Hearing before the Committee on International Relations, House of Representatives, 104th Congress, 1st Session,August3, 1995（Washongton, D.C.: Government Printing Office, 1995），p.34, 39.

[26] 中央通訊社編著，1999年世界年鑑：外交與國防篇（台北：正中書局，民88年），頁146。

議（APEC）上重申「一中原則」；美國了解台灣立場，認為台灣可在適當情況下加入一些國際組織，但是目前美國不支持台灣成為聯合國會員。這是七年來美國首次公開在聯合國總務委員會反對把中華民國申請加入聯合國列入大會議程。從中共代表秦華蓀會後宣稱「李登輝的『兩國論』在國際沒有市場，今天的會議是對李登輝兩國論的沉重打擊。」[27]可見美國決定當屆打破沉默，極可能是受台灣「兩國論」主張，而不得不表態。

聯合國大會總務委員會於二〇〇〇年九月七日，討論中華民國參與聯合國提案，受矚目的美、英、法發言內容，美、法兩國與去年沒有較大不同，美國重申「一個中國」及三公報立場，並主張和平解決兩岸問題。法國代表明白表示，尊重二七五八號決議，接納北京為中國唯一代表及中華人民共和國是中國惟一合法政府。

英國代表亦支持立場，但首度讚揚中華民國總統大選政權和平轉移的民主成果。一如往常，總務委員會主席在各國代表發言後，認為尚無共識，作成不建議將此案列入聯大議程裁決。[28]

迄二〇〇四年我國一如往常皆以洽請友邦向聯合國大會提案，希望兩岸能在聯合國皆有「平行代表權」。此後，立場是自認本土政權之民進黨再度連任執政，為強化台灣主體意識，原始「雙重代表權」的內涵與作法逐漸改變，二〇〇五年，我政府採「兩岸並推」之策略，洽請友邦為我提案「台灣2,300萬人民在聯合國代表權問題」及「聯合國在維護台北和平方面扮演積極角色」之兩項提案，另要求聯合國秘書長指派一位特使或真相調查團評估台海情勢，向聯合

---

[27] 中央通訊社編著，2000年世界年鑑：外交與國防篇（台北：正中書局，民89年），頁134。

[28] 中央通訊社編著，2000年世界年鑑：外交與國防篇（台北：正中書局，民89年），頁124。

國大會及其他相關機關提出報告，並採取必要之措施，鼓勵及協助台海兩岸進行和平對話與交流。[29]

　　二○○七年，陳水扁政府決心進一步棄守「平行代表權」策略內涵，於五月二十二日正式提出將以台灣名義申請加入聯合國之公投案於中央選舉委員會，並於七月十九日，陳總統向聯合國秘書長潘基文致函，正式以「台灣」名義申請加入聯合國，為我十五年來參與聯合國運動投下國內與國際最大震撼彈，九月十八日，台灣發動十四個友邦在聯合國大會上，就總務委員會建議不將台灣申請入聯的列入議程進行翻案，而中共動員了141個國家發言雙方激辯長達4小時15分，仍無功而返。

　　二○○七年台灣以台灣名義加入聯合國舉動，立刻受到國際尤其是美國前所未有的反對，其對台灣國際主權地位用詞跳脫以往「戰略性模糊」，可說是空前明確與密集，造成極大傷害，同時發言層次也逐步升高，美國東亞局官員首先跳出批評成陳水扁違反了他二○○○年就職「四不」承諾中「不更改國號」，八月二十八日，美國副國務卿奈葛彭指出「以台灣名義加入聯合國是一項錯誤，美國政府將陳總統推動以台灣名義申請加入聯合國，視為是台灣獨立第一步。」，三十一日，白宮國家安全會議資深顧問韋德寧更挑明「台灣或中華民國在國際社會都不是一個國家。」，美國國務卿萊斯在年終記者會表示美國認為「台灣推動入聯公投是挑釁舉動」，重申「美國一個中國政策，決不支持台灣獨立。」，歐盟也於三月六日發表聲明：台灣當局推動之入聯公投將加劇台海緊張局勢，損害包括台灣人民在內的各方利益。[30]

---

[29]　行政院新聞局，中華民國九十四年年鑑：外交與僑務（台北：行政院新聞局，民95年），頁374。

[30]　「2008年台灣入聯公投」，Wikipedia（維基百科），參見 http://zh.wikipedia.

　　固然現今美國行政立場是不與支持台灣加入聯合國，但美國國會態度相對則大為鼓勵支持台灣進入聯合國等國際組織運動，加以平衡，與白宮及國務院立場不盡配合。柯林頓政府於一九九八年訪問大陸時宣佈「新三不」政策：不支持兩個中國或一中一台、不支持台獨、不支持台灣加入聯合國後，在二○○○年十月三日及十月十九日被美國眾議院及參議院以達美國政府「一九九四年台灣政策檢討」中所規定「美國支持台灣進入適當國際組織」乙款，而通過第三九○號共同決議案（H. Con. Res.390）「有見於台灣對聯合國及國際組織工作及財務的貢獻和近年一再強烈表達進入聯合國行動」，文中決議兩點：（一）具有二千三百萬人口之台灣，應取得參加聯合國及其他國際組織如世界衛生組織的權利；（二）美國應該遵守一九九四年台灣政策檢討中，支持台灣進入適當之國際組織承諾。[31]

　　美國國會近期表現支持我國參與國際組織態度積極顯現台灣參加世界衛生組織上，二○○二年聯邦國會民主黨新澤西州議員羅伯特・托里切利（Robert Toricelli）二月十二日提交了參議院第一九三二號議案。該議案被呈交給參議院外交委員會審議，要求美國為台灣爭取在世界衛生組織一年一度的世界衛生大會獲得觀察員地位。[32]

　　美國聯邦眾議院於二○○三年三月十一日一致通過一項法案，授權美國在世界衛生組織中為臺灣爭取觀察員地位。眾議院第四四一號法案要求布希政府積極配合，確保臺灣作為觀察員參加即將於五月份在瑞士日內瓦舉行的世界衛生組織年會。眾議員以四一四票

---

org/wiki/。

[31] The U.S. House of Representatives Passed H.Con,Res.390, 2nd Session, 106 Congress on October 3,2000，參見 http://taiwansecurity.org/news/usia。

[32] 「2002, 2, 12：參議院就台灣在世界衛生大會上的地位提出議案」，美國國務院國際信息局，參見 http://usinfo.state.gov/regional/ea/mgck。

對零票通過眾議院地四四一號法案。俄亥俄州的共和黨眾議院員蒂夫・查沃特（Steve Chabot）及加利福尼亞州的民主黨眾議員湯姆・蘭托斯（Tom Lantos）俄亥俄州的民主檔眾議員吳振傳（David Wu）指出：固世界衛生組織成員須具備國家地位，但世衛也先前曾給予梵蒂岡馬爾它騎士團（Knights of Malta）及巴勒斯坦解放組織等實體組織觀察員。」[33]

終於美國國務院在四月九日例行發布上就臺灣因嚴重呼吸道症候群（SARS）疫病與世界衛生組織問題答覆：「美國支持臺灣與世界衛生組織工作的目標，其中包括臺灣的觀察員地位問題。我們已為推選一目標與臺灣方面進行長期的密切合作。但同時美國不支持臺灣參家必須具備國家身份方可加入的組織。」[34]

至少就現行局勢而言，美國國務院堅守一個中國政策，要重回七○年代之前兩個中國政策，幾是不可能。因此，自一九九四年「台灣政策檢討」開始，美國不支持台灣進入聯合國立場暫難有所突破，至二○○七年成陳水扁政府推動以台灣名義加入聯合國更被美國政府視作「改變現狀」的挑釁舉動，而坦言反對，台美關係一度陷入低潮。惟台灣重返國際組織的努力，二○○八年三月大選後，兩岸在大事緩和的情形下，馬總統以台灣要尊嚴，呼籲兩岸外交休兵，中共應與台灣國際社會發展空間權利，勿盲目壓制，傷害台灣人民感情，而再度提出擱置主權爭議，名稱彈性之務實外交路線，而又回復到「雙重代表」的內涵精神，而聯合國下轄之世界衛生組織成了最好的期待模式發展，一方面世衛是以主權國家為會員資格，但

---

[33]　「2002, 3, 11：美國聯邦眾議院為求台灣爭取世界衛生組織觀察員地位」，美國國務院國際信息局，參見 http://usinfo.state.gov/regional/ea/mgck。

[34]　「2003, 4, 9：美國國務院與台灣參加世界衛生組織工作問題」，美國國務院國際信息局，參見 http://usinfo.state.gov/regional/ea/mgck。

同時其性質又屬非政治性質，兩岸在世衛的磨合與妥協成了最好的
協商平台，將是未來相當值得注意的焦點。

第六章　結論

　　中華民國不但是聯合國創始會員國，也是安理會永久會員國，但一九四九年中共建政，中國進入分裂狀態，影響所及，聯合國每年都不得不為「中國代表權問題」─到底台北還是北京為正朔？─做一表決。起初國府尚有優勢，但隨著亞、非國家加入，支持北京入會者日眾；一九六一年起，方有需要大會會員國三分之二高門檻同意，中共方得入會之「重要問題」案設計。但到了一九七○年，大會卻首度以過半數同意了阿爾巴尼亞之排我納匪，該案儘管仍未達三分之二票數而失敗，但也亮起改變的需要，「雙重代表權」將是台北最後選擇。

　　一九七○年六月，美國務卿羅吉斯即向尼克森提出雙重代表權的建議。[1]一九七一年一月十八日，美國政府完成「雙重代表權」的全面評估設計；而不到兩個月前，國府蔣故總統也宣示了「漢賊不兩立」國策，但四月二十三日的台美「蔣墨會談」，我政府接受雙重代表提議後，國府此一立場即已實質放棄。在七一年四月二十三至十月二十五日聯大表決的談判期間，台美雙方對中共進入聯合國取得一般會員資格是毫無異議的，整個台美談判癥結是在「安理會常任理事國席位歸屬」問題，雙方一直僵持不下，無法達成妥協共識；迄聯大開幕前四天，尼克森才不耐逕行宣布將此一席位交予中共，整個談判方勉強大勢底定，我方也只能無奈默認。

---

[1]　Henry A. Kissinger, White House Years, p.773.

　　歸納言，中華民國在聯合國二十二年顛簸歲月中，自四月二十三日的「蔣墨會談」起到離開聯合國的這段最後近半年日子中，台美如何以雙重代表案挽救我在聯合國會籍的折衝過程俾還原我在聯合國最後這段史實真相中，國府對雙重代表案的真實態度為何—國府始終是「漢賊不兩立」？或國府是全盤接受雙重代表權安排？事實澄清是，國府只願予中共進入大會的一般會員權利；但在安理會席位上，國府還是堅持「漢賊不兩立」到底的，只是無奈形勢比人強，最後只有聽憑美國處置。

　　至於美國意向，一九五〇年起，國府在聯合國席位的保衛，不論是策略設計還是動員會員國支持，一直是依賴美國的主導，故有十年的緩議案及十年的重要問題案，直到尼克森上任後與季辛吉拋棄意識型態，大玩權力政治，力求與中共關係正常化，一九七一年七月十五日，季辛吉秘密訪問大陸之後，即已承諾周恩來，台灣在聯合國及安理會席位將讓給中共以換取中共協助美國在越戰的解套，國府在尼、季全新的國際戰略佈局下，註定要在權力現實下出局。

　　國府在契機掌握上，也並非全然無知於國際局勢之興替，從前述研究顯示一九六〇年代中，我政府即已「勉為其難」在詹森與魯斯克壓力下，接受義大利之「研究委員會」提案中兩個中國安排，蔣介石僅指示以不在現場即棄權的「退場」（walk-out）方式表態默許。結果中共爆發文化大革命，中國陷入仇外風潮，國內政情不明，一時西方也慌了手腳，事實上這是最早的「雙重代表案」。但不論是六〇年代研究委員會案或七〇年代之雙重代表案，一個共同的缺憾都是：不能全然務實，放棄重要問題案，以單一提案，放手一搏。這只能說明反共復國的法統壓力太大，務實的選擇非得到不得不爾時，千迂白迴，才有採行的可能，但也失去了時機。

　　歷史的教訓就是務實。當台北自一九九三年重新以兩岸「平行代表權」相同主張申請進入聯合國,就台北言,歷史繞了一圈,又回到起點。我政府以中國分裂、兩岸是對等政治實體、不挑戰中共在聯合國席次、建議聯合國成立一「研究委員會」比照東、西德與南、北韓,以解決此一兩岸代表問題,可說完全是借鏡雙重代表權的理念與作法。惟兩岸與兩韓及兩德之不同為:兩岸有相較更高的自主能力,兩岸關係的開展、緩和當優先台灣國際關係的開發。

　　兩岸當有國際共容不礙統一認識:雙重代表案一個最基本啟發意義就是兩案不能一直昧於中國已經分裂的事實。這也是一九七一年「雙重代表權」無以為繼主因。但從九三年中共外交部發言人吳建民揚言「聯合國是主權國家之國際組織,臺灣作為中國的一個省沒有資格參加,根本不存在一國兩席問題。」到二○○○年中共國務院副總理錢其琛就兩岸關係而言,大陸對「一個中國」的表述是:「世界上只有一個中國,台灣與大陸都是中國的一部分。」[2]就是接受事實的極大進步。我們樂見,只有回歸事實,並認識兩岸同處於聯合國並不有礙統一大業,如東、西德或南、北韓,才有達成兩岸和平的契機。而此一現實問題的解決不只有賴國際的支持,關鍵還在兩岸對聯合國代表權問題用務實理性態度面對,才有希望真正解決事實上仍未解決之中國代表問題。

　　居於關鍵地位的中共,應認清中國最終是走向統一還是永遠分離,並不取決於台北在國際組織中席位多少,北京方面如一味縮壓台灣國際空間,堅持國際組織中單一代表席位,其結果只會使兩千多萬同胞對大陸更加反感,有利分離主義抬頭,相反如果北京能用務實善意的眼光看待台北方面努力,轉而支持雙重代表權,勢必加強兩岸同胞的認同感和國家統一意識。

---

[2]　「錢其琛:大陸、台灣同數一中」,聯合報,民89年8月26日,版一。

　　台北也當認識中共才是真正我們重返國際組織的關鍵，而不是拒斥獨立或因為使用了中華民國國號才導致我們在國際上孤立。這種觀念並不表示我門懼怕中共，而是我們要務實的面對中共這個因素，在作法與觀念上，我們不應拘泥於名稱，要把握彈性原則，因此針對不同的國際組織都要選擇最適當的名稱來設法加入，最早以「中華台北」模式參與國際奧會及亞洲開發銀行，之後我以「獨立關稅領域」身份於二○○一年加入「世界貿易組織」（WTO），以「經濟體」參與「亞太經濟合作」（APEC）並以「魚補實體」參與「中西太平洋洄游魚群保育及管理公約」（MHLC），近更以「衛生實體」作為進入「世界衛生組織」之新思維。[3]在該使用中華民國國號而不使用時這是不務實的，在不需使用中華民國國號時而堅持也是不務實的。而最根本之道還是應穩健的開拓兩岸關係，畢竟時空改變，主客易位，在全球化時代強調溝通與協商的重要時，台灣更要避免無意義的炒作族群分化、統獨爭議，一再刺激中共當局，最明顯害例即一九九八年美國總統柯林頓訪問北京時，因先前台海情勢緊繃，逼使柯林頓以「新三不」回應，而其中明白表示美將不支持台灣加入聯合國，二○○七年，陳總統再推動以台灣名義加入聯合國，更是嚴重影響到台美互信，與中共反分裂法的產生，兩岸關係幾近停擺。使台北近年來的努力遭受到最大的挫折。

　　因此在如何達到兩岸在國際上共存共榮兩岸人民均為贏家，無一輸家者。兩岸領導人不能只靠主觀的願望與企圖就能實現願望，**尤其兩岸目前逐漸修正到「擱置爭議，共創雙贏」之九二共識道路上**，北京由「一國兩制」演變到「一國兩席」並非絕對行不通，因

3　高英茂，「我國加入世界衛生組織（WTO）之進度及明（九十二年）之策略」，中華民國外交部外交資訊，民91年5月29日，頁2。參見網址：http://www.mofa.tw。

為其中都意味部分主權放棄。何況雙方的交流現在已發展到休戚相關的境地，一旦兩岸在社會經濟都相若的時候，未來政治的「溢出」，必然發展出對整個中國人最有利的選項。現階段，兩岸當局可以考慮：台北以「不獨」換取中共的支持台灣加入聯合國或相關組織如世界衛生組織，並在聯合國監督及主持下，展開兩岸的漸進交流及對話，這樣既可秉持民族大義，同時亦保有台灣人民自主尊嚴，相信至少比兩岸在國際間一味「零和」式競爭、資源內耗，勢必有意義地多。一旦中共因素解決之後，中華民國重返國際社會也就是最正當的事，兩千三百萬同胞也才能真正得到應享有的國際尊敬與地位。

　　當年國府　蔣故總統容或對「兩個中國」政策有所考量，無奈受國內法統堅持人士尤來自國會立法委員、國大代表及監察委員反對。往者已矣，三十年後新機再現，切望兩岸當局，把握此一起點，自主其事，創立兩岸中國人共存共榮新局，切忌以過時態度，重蹈覆轍。當年國府主張台灣代表全中國而被譏之為神話，如今中共宣稱統有台灣為其一省，又何異另一神話？如果當時兩岸都能以事實為前提，勇於突破，經由聯合國並存，建立互信交流，三十年後兩岸事務現在也許已是另一番光景不定？念諸本段歷史，實值得日後迫切和平解決兩岸事務者深思。

參考書目

政府出版品

國民大會。第二屆國民大會第三次臨時會實錄，民八十年。

立法院。立法院公報，第八十卷，第四十八期，民八十年。

立法院。立法院公報，第八十卷，第四十九期，民八十年。

立法院。立法院公報，第八十二卷，第二十期，民八十二年。

立法院。立法院公報，第八十二卷，第四十二期，民八十二年。

立法院。立法院公報，第八十三卷，第五十六期，民八十三年。

立法院。立法院公報，第八十五卷，第三十九期，民八十五年。

立法院。立法院公報，第八十七卷，第四十七期，民八十七年。

立法院。立法院公報，第八十七卷，第六十期，民八十七年。

立法院。立法院公報，第八十八卷，第四十九期，民八十八年。

立法院。立法院公報，第八十九卷，第六十期，民八十九年。

國史館。中華民國與聯合國史料彙編：中國代表權，民九十年。

外交部。中華民國出席聯合國大會第十六屆常會代表團報告書，民
　　五十一年。

外交部。中華民國出席聯合國大會第二十屆常會代表團報告書，民
　　五十五年。

外交部。中華民國出席聯合國大會第二十一屆常會代表團報告書，
　　民五十六年。

外交部。中華民國出席聯合國大會第二十五屆常會代表團報告書，
　　民六十年。

外交部。中華民國出席聯合國大會第二十六屆常會代表團報告書，
　　民六十一年。

外交部。外交部公報，第三十三卷，第四號，民五十七年。

外交部。外交部公報，第三十六卷，第三號，民六十年。

外交部。外交部週報，第二十九期，第三號，民四十年。

外交部。沈部長昌煥言論選集，民五十五年。

中央通訊社。1999年世界年鑑：外交與國防篇，民八十八年。

中央通訊社。2000年世界年鑑：外交與國防篇，民八十九年。

中央通訊社。2001年世界年鑑：外交與國防篇，民九十年。

美國政府出版品

Foreign Relations of the United States , 1961-63, Vol. XXII, China,
　　Washington D. C.: US Government Printing Office, 1996.

Foreign Relations of the United States , 1964-68,Vol. XII, China,
　　Washington D. C.: US Government Printing Office, 1998.

National Security Archive in Washington, Declassified Transcripts of
　　Dr. Henry Kissinger's Secret trip to China in 1971.

中文書目

王杏芳。中國與聯合國。北京：世界知識出版社，一九九五年。

王景弘。採訪歷史：從華府檔案看臺灣。台北：遠流，民國八十九年。

朱健明。確保我在聯合國的合法地位十四年的苦鬥經過。台北：政
　　治大學，民國五十三年。

江煜祿。從杜魯門到柯林頓美國五十年來之政治外交與國防。台北：
　　開益，民國八十七年。

李本京。七十年中美關係評估一九一三至一九八四。台北：黎明，民國七十四年。

宋燕輝、焦興凱。聯合國與歐美國家論文集。台北：中央研究院歐美研究所。民國八十六年。

沈劍虹。半生憂患。台北：聯經，民國七十八年。

沈劍虹。使美八年紀要。台北：聯經，民國七十一年。

林添貴譯孟捷慕原著。轉向：從尼克森到柯林頓美中關係揭密。台北：先覺，民國八十八年。

胡為真。從尼克森到柯林頓美國對華「一個中國」政策之演變。台北：台灣商務，民國九十年。

陸以正。微臣無力可回天陸以正的外交生涯。台北：天下，民國九十一年。

陳之邁。蔣廷黻的志事與生平。台北：傳記，民國七十四年。

陳志奇。美國對華政策三十年。台北：中華日報社，民國七十年。

陳勝。瞄準聯合國。台北新新聞，民國八十四年。

陶文釗。中美關係1949～1972。上海：人民出版社，一九九九年。

張亞中、孫國祥著。美國的中國政策。台北：生智，民國八一年。

賴樹明。薛毓麒傳：走過聯合國的日子。台北：希代，民國八十四年。

關中。中美關係檢討。台北：作者自刊，民國七十一年。

英文書籍

Cohen, Warren I., American Response to China, New York: Colombia University Press, 1990.

Dulles, Foster Rhea, American Policy Toward Communist China, 1949~1969, New York : Thomas Y. Crowell, 1972.

Guhin, John Michael, John Foster Dulles：A Statesman and His Times, New York：Colombia University Press, 1972.

Kang, Jean S, Evolution towards change in US-China Policy 1961-1963, Boston：Harvard University, 1999.

Kissinger, Henry A, White House Years, Boston : Little, Brown and Company, 1979.

Parmet, Herbert S., Richard Nixon and His America，Boston: Little, Brown and Company，1990.

Peter R. Baehr, The United Nations in the 1990s, N.Y. : St. Martin's Press , 1994.

Ranking, Carl Lott, China Assignment, Seattle：University of Washington Press, 1964.

Reeves, Richard, President Nixon Alone in the White House, N.Y. : Simon & Schuster, 2001.

Schulzinger, Robert D., Henry Kissinger - Doctor of Diplomacy, N.Y.: Colombia University Press, 1989.

Rusk, Dean, As I Saw It , N.Y.：W.W. Norton Company，1990.

Rusk, Dean, The Winds of Freedom, Boston: Beacon Press, 1963.

Schlesingler, Arther M., Jr., A Thousand Days ：John F. Kennedy in the White House, Boston: Houston. Mifflin,1965.

Small, Melvin, The Presidency of Richard Nixon, Kansas: University Press of Kansas, 1999.

Tucker, Nancy B., John Foster Dulles and the Taiwan Roots of the"Two China" Policy, N.J.: Princeton University Press, 1990.

中文論文、期刊、報紙

張有溢。聯合國中國代表權問題的演變始末。台北：國立台灣大學政治學研究所。民國六十四年。

賴維中。中國遊說團與中國代表權問題。台北：淡江大學美國研究所裘兆琳主編。中美關係專題研究，1998~2000。台北：中央研究院歐美研究所。民國九十一年。

國際現勢。第八○七期，民國六十年八月二十三日。

國際現勢。第八一二期，民國六十年九月二十七日。

國際現勢。第八一五期，民國六十年十月四日。

聞題與研究。第三十二卷第十期。民國八十二年十月。

編輯部。一九七一年季辛吉周恩來會談美國檔案局解密文件解密。聯合報，民國九十一年三月一日，十三版。

陳鴻瑜。〈我國必須重返聯合國〉。中央日報。民國八十一年十一月十一日，版二。

周煦。「我國參與聯合國的途徑」。聯合報。民國八十二年三月十七日。版二。

陳裕清。「重返聯合國之道」。中央日報，民國八十二年八月二十五日，版二。

楊力宇。「重返聯合國應有的困難與認識」。中國時報。民國八十二年九月二十三日，版二。

編輯部。「錢其琛：中國大陸同屬一中」。聯合報。民國八十九年八月二十六日，版一。

傅建中。「政治分合難料人生際遇無常」。中國時報。民國九十年八月十五日，版三。

相關網站

http://www.mofa.tw

http://usinfo.state.gov

http://www.inpr.org.tw

http://www.state.gov

http://www.lexinexis.com

http://www.gwu.edu/~nsarchive/NSAEBB/NSAEBB66/

http://taiwansecurity.org

http://wwwlib.umi.com

附錄一、　中美聯合國會籍問題全面研究報告全文節錄

Study of The Entire UN Membership Question : US/China

Secret

I. Conclusions and Options for Decision

1. The major problems facing us are Chinese Representation (Chirep) and UN membership for the divided states. We are likely to suffer a major foreign policy defeat this year on the Chirep issue if we persist in our present policy. Neither the Charter nor legal analysis furnishes real guidance for formulating a US policy. The issues are and always have been political, not legal. The choices before us are:

A. Maintain our present policy - continue to treat Chirep as a separate problem and deal with admission of the divided states on a case-by-case basis.

B. Adopt "Universality" - attempt to deal with the problems facing us within a single framework by urging General Assembly adoption of a doctrine of universality. Since there are important practical obstacles to the immediate admission of all divided states, we would not necessarily make specific proposals but might state willingness to see them admitted when conditions are appropriate. We would oppose expulsion of the Republic of China (ROC) as contrary to universality, and not oppose - perhaps even advocate - Communist Chinese (PRC) entry.

C. Adopt "Universality" plus a Dual Representation resolution on China - follow a universality resolution of the above type with a resolution calling for seating of both Peking and Taipei as a solution to the pressing Chinese representation issue within the universality context.

D. Adopt Dual Representation Alone - propose a dual representation resolution on China without the universality framework. A number of variations are available, some more desirable and/or more saleable than others.

SECRET

SECRET

-2-

2. Maintain our present policy: The ROC will strongly
urge that we take this course and will resist any other
choice. But doing so is likely to lead to early passage
(this year or 1972) of the Albanian Resolution seating
Peking and expelling Taiwan. It therefore involves the
greatest potential loss of prestige for the US. (Curiously,
this option least jeopardizes improvement in relations
with the PRC -- who also see it as leading to their early
victory.)

3. Adopt "Universality": The concept of universality has
much to recommend it: it is supported by the great majority
of UN members, would appeal to domestic and international
public opinion, and might help stem the tide in favor of
the Albanian Resolution. But espousing universality
would cause us difficulties in our bilateral relations
with the ROC, the ROK, and the FRG (in addition to the
PRC). It would not by itself settle the China issue.
Even if it were specifically invited to come in, Peking
would almost certainly refuse to do so while Taiwan remained.
It is more likely that the UN would eventually yield and
eject the ROC, than that the PRC would yield and accept
seating alongside the ROC.

4. A Combination of "Universality" plus a Dual Repre-
sentation Resolution on China: This is the formula most
likely to head off defeat on the Chirep issue, in the
short term at least. Placing the dual representation
resolution within the philosophic basis of universality
improves its chances for passage by making it more diffi-
cult to attack. Should the PRC refuse to enter on this
basis, even though it would have been specifically invited,
the onus would be on them, and the ROC would remain a
member (unless it decided to withdraw - see paragraph 7
below). In the long run, however, the same considerations
about a contest of wills noted in paragraph 3 above would
apply.

5. Dual Representation Alone: The Chirep problem could
be dealt with independently by offering a dual representa-
tion resolution without universality as a philosophic
cloak. This course would have less appeal in the General

SECRET

SECRET

-3-

Assembly, but would avoid the problems with the
Koreans and probably the Germans which universality
would raise. Such a resolution would stand a good
chance of commanding majority support in the General
Assembly and blocking the Albanian Resolution and
would be seen as a realistic and forward-looking
policy. However, it also would have the problem of
durability mentioned in paragraphs 3 and 4 above.
Taiwan doubtless would argue that it would prefer to
withdraw from the UN rather than agree to dual represen-
tation (see paragraph 7).

6. If we go the dual representation route, we must
decide whether to press the Important Question again.
By dropping the Important Question, we probably could
easily pass a dual representation resolution by a
simple majority -- but it could later be overturned by
a simple majority. If we go for the Important Question
and the Important Question passes, we would have to get
a two-thirds majority for dual representation, which
seems rather doubtful. On the other hand, if we were
able to get a two-thirds majority, dual representation
would be established on a reasonably durable basis.
Our decision on tactics should be made after an assess-
ment of the situation later in the year, and in consulta-
tion with our allies.

A dual representation resolution probably would
have to express the view that the Security Council seat
should go to the PRC since this is in keeping with
Assembly sentiment on the issue. However, we could and
should attempt to explore other possibilities of keeping
that aspect open. The Security Council, regardless of
any specific Assembly recommendation, would probably
decide to award the China seat to the PRC following
Assembly action to seat Peking.

7. If the ROC remains adamantly opposed to dual
representation and consequently withdraws from the UN
before or after adoption of a dual representation

SECRET

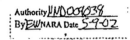

SECRET

-4-

proposal, our objective of preserving a place for it
in the UN obviously would have failed. A carefully
organized effort would be required to persuade the ROC
that withdrawal would be against its interest, and
there is no assurance that this effort would succeed.
At the same time, we should recognize that the security
of Taiwan depends primarily on the US defense commit-
ment, which would not be affected, and not on UN
membership. Taiwan's economy would not be directly
affected by loss of UN membership.

8. It has been occasionally suggested that the US also
has the option of opposing the Albanian resolution, but
in a relatively pro forma manner -- assuming that since
we are bound to fail, we should cut our losses and
involve our prestige as little as possible. We believe
that the ROC would view such a stance as conspiring in
its ejection from the UN and thus as a breach of good
faith and that passage of the Albanian resolution,
over even passive US opposition, would still be seen
as a serious American defeat. Accordingly, it appears
that this option would be less attractive than it
initially might seem to be.

9. PRC membership would be troublesome to us and to
the UN. However, the PRC probably would not try to
wreck the organization and could not even if it tried.

10. Microstates, insurrectionary regimes, irredentist
organizations, etc., do not pose unmanageable problems
to universality. Southern Rhodesia might be a theoretical
problem, but in practice the UN would find ways of ex-
cluding it as long as its present racial policies continue.
No state currently recognizes its sovereignty.

11. Whether or not we strike out on a new path, close
consultation with a number of countries is required.
After the ROC itself, Japan most urgently requires con-
sultation on Chirep.

SECRET

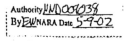

<u>SECRET</u>

-5-

a. If we go the universality route, we must also consult closely with our German, Korean, and Vietnamese allies. ROK interests probably cannot be entirely reconciled with our own, but compromises satisfying some of their most urgent requirements are possible. In the case of the FRG, difficulties need not arise provided the US maintains the position agreed by the Foreign Ministers of the US, UK, France and the FRG on December 2, 1970 (see Section V).

b. If we opt for dual representation, we must expect a period of major difficulties with the ROC, and it is possible that they would be of such a magnitude as to cause us to reconsider the choice of that policy option.

II. Introduction to the Problem

We have been asked to study the question of UN membership in its totality. There is only one urgent problem, that of Communist China, but another is not far behind -- East Germany which is already being pushed forward by the USSR. (The other divided countries, Korea and Vietnam, are not pressing matters.) If we adopted universality as a broad, philosophical approach to membership questions generally, this would give us a tactical advantage; but it would entail some cost in our relations with individual countries, particularly our Korean allies. No problem need arise with the FRG if we maintain the position agreed by the four Foreign Ministers (see Section V). If we depart from this position, we would have to expect a sharp FRG reaction.

On the Chinese Representation (Chirep) issue in the UN, the trend is clearly against us. Although we obtained a majority on the Important Question (IQ) resolution at the 25th General Assembly, support for the IQ will be subject to accelerating erosion. If we continue on our present course, the Albanian resolution

<u>SECRET</u>

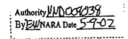

Authority NND009038
By EW NARA Date 5-9-02

SECRET

-11-

admission of those the Soviets sponsored. (We did not
have to use the veto because the Soviet proposal failed
to get the necessary support.) Subsequently each side
in the Cold War opposed the admission of friends and
clients of the other side, until the package deal of
1955 resulted in the admission of 16 new members simul-
taneously. A smaller package was voted in on the same
basis in 1961.

. Since that time, the only issue has been that of
seating China, which has been cast in terms of who should
occupy the existing seat of one member, and has been a
General Assembly issue, not a Security Council issue.
Neither the Security Council nor the General Assembly
has had the admission of any of the divided states on
its agenda since 1958. With only slight oversimplification,
it can be said that the departure from the original con-
cept of universality was due to the Cold War. The argument
over whether the PRC was "peace-loving" was not at the
heart of the issue, though it was prominent in the
rhetoric.

E. The Chirep Question

At the heart of the Chinese Representation tangle
lie the claims of both the PRC and the ROC to be the
sole legitimate government of all of China, and thus to
represent "China" in the UN. Both maintain that Taiwan
is not an independent or separate political entity and
therefore cannot be independently or separately represented
in the UN. The PRC regards UN membership as its unques-
tioned right, wrongfully denied, as the successor govern-
ment of China since 1949, and rules out any possibility
of applying for admission as a new member. For the ROC,
UN representation supports its claim to be the only
legitimate Chinese government and therefore buttresses
the structure of government on Taiwan (including the
virtual mainlander monopoly of the central government
organs). Thus the ROC too would refuse to consider
applying for admission as a new member. Both governments
have denounced dual representation.

SECRET

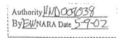

SECRET

-12-

The Republic of China, as an original signer of
the United Nations Charter, is one of the founding
members of the UN. It is mentioned by name twice in
the Charter: In Article 23 which provides that the
"Republic of China" shall hold one of the five permanent
seats on the Security Council; and in Article 110 on
ratification of the Charter. However, to argue that
the permanent seat on the Security Council belongs
to the ROC because of its name, rather than to the
entity, China, would run counter to logic and to the
intention of the signers of the Charter.

     Based upon its claim to be the only legitimate
government of China, and its contention that the
Republic of China ceased to have legal existence after
October 1, 1949, the PRC argues that it automatically
and by right succeeded to China's UN seat on that date.
The Chirep question in their view is not a question
of "admission" to the UN or of "membership". Through
the Albanian Resolution, the PRC seeks restoration of its
lawful rights in the UN, recognition of its representa-
tives as the only lawful representatives of China,
and expulsion of the ROC as a usurper. The ROC has
also argued its case on the basis of representation
and not membership.

     In meeting the challenge of the Albanian Resolution,
the US has mobilized (1) majority support for a procedural
resolution affirming that any resolution to change the
representation of China is an "Important Question"
requiring a two-thirds majority for adoption, and (2)
opposition to the Albanian Resolution itself. In so
doing, however, the US has not argued in recent years
that the ROC is the sole legal government of China
(though the ROC would wish us to do so). In any case,
this argument clearly would have little appeal in the
Assembly.

     For many years we argued that Peking was not
qualified for membership. The PRC's action in Korea
and attacks on the UN gave point to our arguments.
More recently we have placed our major emphasis on

SECRET

SECRET

-13-

arguing against "expulsion" of the ROC. We have
based our (and the ROC's) case on political and
membership grounds, and have intentionally elided
the legal and representational issue (which govern-
ment is the legal government and representative of
China), since only the political argument was likely
to persuade the Assembly to keep Peking out and
Taiwan in. We have also wished to keep open the
possibility that Taiwan might some day sit in the UN
in some other capacity than as representative of
even a part of "China".

We must recognize that for many states espousal
of the doctrine of universality would not necessarily
entail acceptance of the idea that there should be
two Chinese delegations. Countries could vote in
favor of universality as a principle of UN membership,
and yet vote that the PRC is entitled to the seat now
occupied by the ROC, which in practice would "expel"
the ROC from the organization. This would be regarded
by those countries as a by-product of the factual
situation that the ROC does not represent China. In
other words, even general adoption of a liberal policy
on universality of UN membership would not necessarily
work a solution to the problem of Chinese Representa-
tion.

F. Chirep in the Security Council

If the Assembly votes in favor of PRC membership,
whether on a dual representation basis, through uni-
versality, or in some other fashion, the PRC would not
automatically accede to the Security Council -- Assembly
resolutions are not binding on the Council -- but this
action would set in motion pressures that likely would
make it an almost inevitable concomitant. Even if
Communist China refuses to come into the UN as long as
the ROC was in it, we would therefore not be able to
offer the ROC much hope that they could stay in the
Security Council after the Assembly had voted a dual
representation resolution.

SECRET

SECRET

-14-

Actually, the PRC might get on the Council even prior to General Assembly action on Chirep, since only 9 votes out of 15 in the Council may be required for that purpose. (There is no "Important Question" procedure in the Security Council.) If it came up as a challenge to the credentials of the ROC representative, the proposal to seat the PRC probably would be viewed as procedural and not subject to US or ROC veto: If nine members of the Security Council feel strongly enough to vote that the ROC is not entitled to sit on the Council, then there may also be enough votes in favor of the position that the matter is not subject to veto even over our objections. For this to happen, there would have to be a Security Council President favoring the seating of the PRC (and there are several whose turn will come in the course of a year). In such a case the Security Council President would rule that the vote had been on a procedural matter and thus not subject to veto; and if we challenged the ruling we would have to have nine votes to overturn it. On the other hand, if the Security Council President ruled the matter was not procedural, the PRC's supporters would have to get 9 votes to overrule that decision.

Nevertheless, it is possible to make efforts to handle dual representation in the Assembly in such a way as to preserve at least the possibility that the ROC would remain in the Security Council as long as the PRC refused to come into the UN. That aspect is discussed further below, under dual representation.

IV.　Micro-States and Other Problems

We have for some years sought to have the UN exercise its responsibility to determine the "ability" of applicant states to carry out Charter responsibilities. Our efforts to obtain some form of associate status for Micro-states have obtained virtually no support, and

SECRET

SECRET

-30-

IX. Strategies for Dealing with Chinese Representation

A. Dual Representation Strategies

The many available types of dual representation resolutions fall into the following general categories. (NOTE: The headings are used only as an aid to memory-- the actual resolution need not employ the descriptive heading. For a full discussion of the comparative merits of the different types of resolution, see Annex D.)

(1) "One China - One Taiwan," affirming that two sovereign states now exist and should be represented as full members (the Security Council seat probably going to the PRC);

(2) "One China - Two States," affirming that although China is conceptually one nation, two political entities now exist and, pending other arrangements should be separately represented with respect to the territory and people each controls (the Security Council seat probably going to the PRC);

(3) "One China - Two Delegations," a variant which makes no mention of the existence of separate political entities but calls for seating two separate delegations, one PRC and one ROC, to represent the single entity China;

(4) "Two Delegations" - a variant which makes no mention of whether there is one state or two but simply calls for seating two delegations - one PRC and one ROC.

(5) A resolution which invites the PRC to sit in the Assembly (and probably the Security Council) representing the people and territory under its control. It might make no mention of the ROC and therefore assume its continued seating in the Assembly representing the people and territory under its control.

SECRET

⋅SECRET

-31-

(6) A resolution which invites the ROC to continue to sit in the Assembly as a member representing the territory and people under its control, but makes no mention of the PRC, assuming others would table a resolution on PRC entry.

All of these variants have in common seating the PRC through General Assembly action and would expect the Security Council seat to go to Peking whether that is explicitly stated or not. All take their legal basis in successor state theory, and all preserve a place in the Assembly for the ROC without further admissions procedures, except for "One China - One Taiwan" which might require ROC application as a new member, though this might be finessed by an Assembly decision to ignore the legal problem.*

All dual representation resolutions will be opposed by both the ROC and the PRC. Of the five, however, Peking as well as Taipei would object most strongly to the "One China - One Taiwan" formula which takes a definitive position on Taiwan's separation from the mainland. "One China - One Taiwan" is thus the least likely to succeed, even aside from the fact that it might imply a requirement for Security Council (hence vetoable) action on separate ROC UN membership.

The PRC and the ROC might object least strenuously to the "One China - Two Delegations" variant but this formula is most vulnerable to the argument that it contradicts the language of Article 18 of the Charter,

---
* Some variants (particularly the "Dutch" resolution) would have the Security Council take simultaneous action to seat the PRC and admit Taiwan as a new member. These would depend upon Soviet (and French) cooperation -- an unlikely eventuality.

SECRET

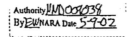

ŚECRET

-32-

providing that each member of the Assembly shall have
one vote. (However, that article speaks of "each member",
not each state, and in any case the Charter's language
did not prevent the participation of two constituent
republics of the USSR.) This formula technically would
imply recognition that Taiwan is part of China (hence
our assumption that Peking would object least strenu-
ously to it). The US has reserved its position on
this point since 1945.

Of the dual representation formulas remaining,
numbers two (a similar formulation was suggested by
Belgium in 1970 but never formally tabled) and four
would have the following advantages: they would work
well in conjunction with a universality resolution to
which they would seem a natural extension; they are
clear and disposative while five and six work by impli-
cation; they could be drafted so as to limit somewhat
Peking's scope for objection, and yet not foreclose
options for the future of Taiwan (by being vaguer,
four leaves the question even more open than two). They
are thus probably more saleable and durable than the
other formulas as far as the General Assembly is concerned.
Finally, passage by the Assembly of any dual representa-
tion resolution which expressly provides for continued
seating of the ROC, would make it considerably more
difficult, though not impossible for the Assembly later
to pass the Albanian Resolution.

Tactics - General

NOTE: A final decision on the tactics to be used
at the 26th General Assembly should be made at a much
later date, and only after a fuller assessment of the
likely voting situation and after consultation with
our allies. Our intention here is only to point out the
types of tactical decisions we will face.

Should a policy decision be made to seek a dual re-
presentation resolution, it should be in full awareness
that we would be heading into a period of great difficulty

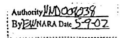

SECRET

-33-

in our relations with the ROC. The ROC would attempt
to persuade us that they would withdraw from the UN
in case a dual representation resolution is voted,
and we would attempt to persuade the ROC that such
a move was against their interests. Should we become
convinced that the ROC would make good its threat,
we would be confronted with a decision whether to
persevere even at the cost of our relations with the
ROC when the practical outcome would be the entry
of the PRC on its own terms. (For a fuller discussion,
see Annex G.)

As far as the General Assembly is concerned, a
dual representative resolution would probably have
greater appeal following passage of a universality
resolution. We would need to consult and carefully
coordinate our efforts with key allies, particularly
Japan. We must assume that the Albanian Resolution
would again be tabled; Peking and its supporters would
work hard to secure a majority for it and to defeat
dual representation. This would require major diplo-
matic efforts on our part in capitals and in New York
in support of dual representative -- with or without
a preceding universality resolution -- and against
the Albanian Resolution.

In terms of immediate effect, it may be preferable
not to introduce the Important Question resolution
again if we go the dual representation route: the IQ
would rule out adoption of the Albanian Resolution by
a simple majority, but would also require a two-thirds
vote in order to approve dual representation. We might
be better off tactically to seek priority for the dual
representation resolution, take our chances on having
it passed by a majority (a likely but not sure outcome),
and then seek to have the Assembly decide "not to vote on"
the Albanian Resolution (Rule 93), and if it were voted
on we could claim it required a 2/3 majority as being
a reconsideration of a decision already taken (Rule 83).
If we pursued this tactic, we would be hampered to a
certain extent by its inconsistency with our position

SECRET

- 14 -

on the IQ in previous years. The main advantage of
this approach is the high probability of a majority
vote for dual representation the first year it is
introduced. Its main weakness is that a decision
taken by a simple majority can be overturned in the
future by a simple majority. A decision by only a
small majority would be unstable, therefore.

Although Peking's supporters have called the IQ
procedure illegal when applied to the Albanian Resolution,
they might well press to have a dual representation
resolution require a two-thirds vote. Given the voting
situation in the Assembly, we would have to argue against
the two-thirds rule in this case despite our past advo-
cacy of the IQ. We could do so on the grounds that,
unlike the Albanian Resolution, expulsion was not
involved in a dual representation resolution.

Alternatively, we could once again attempt to
employ the IQ resolution ourselves, calling for its
equal application to both the Albanian Resolution and
the dual representation resolution. Assuming we could
get the IQ passed, the most probable result would be
that both resolutions would fail to get a two-thirds
majority, but we would have to make a fuller assessment
later. This inherently unstable situation is not
likely to continue very long. Subsequent Assemblies
would show a swing to one or the other resolution,
which would then tend to snowball. Long-range predic-
tions are tenuous at best, but we judge that under
these circumstances the swing is more likely to be to
the Albanian Resolution. The chief advantage of
adoption by a two-thirds vote would be that once so
adopted, a two-thirds vote could be required for
reversal -- and the US probably could maintain a block-
ing third against such a motion. Its chief weakness
is the uncertain prospect of adoption by a two-thirds
vote the first year.

SECRET

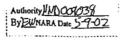

Authority _NND009039_
By _EW_ NARA Date _5-9-02_

SECRET

-35-

Tactics - The Security Council Seat

Should a dual representation resolution specifically provide for seating the PRC on the Security Council in place of the ROC? The chances of gaining ROC acceptance of a dual representation formula are slight at best; they decline still further if the resolution is to award the Council seat to the PRC. Given this ROC attitude, we might well conclude that it is probably best to make no mention of the Security Council seat in the dual representation resolution and attempt to set this question aside.

However, the Assembly probably would regard as unrealistic any dual representation formula which did not award the Security Council seat to the PRC. If we were to sponsor a dual representation resolution which did not do so, we would probably face an amendment from the floor explicitly providing that the PRC should have the Council seat. If we fought such an amendment, we might undermine the chances for passage of the resolution as well as our bona fides in seeking an acceptable solution to the Chirep problem. Nevertheless, in consultation with our allies, we should explore the possibilities of attempting to keep the issue open.

We must also face the fact that once a dual representation resolution is passed by the Assembly -- with or without explicit provision for seating the PRC on the Council -- the credentials of the ROC Council representative are more likely to be challenged. This could occur even if (as is very likely) the PRC refused to enter the UN on the basis of a dual representation resolution. We could attempt to hold off Council action at least until Peking signifies its willingness to enter on the dual representation basis. We must recognize, however, that pressures for rejecting the ROC credentials would be very strong. This could well lead to a situation in which the ROC representative is expelled from

SECRET

-36-

the Council, even if the PRC refuses to come in,
and the seat remains vacant for a time at least.
This we judge to be the most likely outcome. There
is also the possibility that the Council would confirm its
willingness to seat the PRC but would not expel the ROC
until Peking signified its willingness to join the UN.
The disposition of the issue might well depend upon
the particular composition of the Council at the time,
whether the Soviet Union wished to press the matter,
etc..".

Advantages

(1) Dual representation is a reasonable and
realistic solution to the Chinese Representation problem.
It is favored in principle by a majority in the General
Assembly and would appeal to broad segments of American
and international public opinion.

(2) Introduction of a dual representation resolu-
tion at the next Assembly would probably draw votes
away from the Albanian Resolution. This might be the
only way to block passage of the Albanian Resolution at
the 26th General Assembly, and thus preserve a seat
for the ROC.

(3) Certain dual representation resolutions offer
special advantages: they can be drafted so as to appear
relatively favorable to the PRC and thus do slightly
less damage to US-PRC bilateral relations, especially
by (leaving open various options on the future status
of Taiwan.

(4) Passage of a dual representation resolution
would put the Assembly on record as to how it wishes
to see the Chinese Representation issue settled. This
would place Peking's supporters at a tactical disadvan-
tage if they attempted to have the Albanian Resolution
passed at a subsequent Assembly since it would mean
overturning a past Assembly decision which had expressly
provided for ROC seating.

SECRET

-37-

(5)　If the PRC refused to enter the UN after a passage of a dual representation resolution, the onus for non-participation would shift to Peking itself.

(6)　If the Assembly stood firm on dual represen-tation over time, there is the theoretical possibility the PRC might ultimately decide to bow to the views of the international community and enter the UN even with the ROC present.

(7)　Even if we consider that the Assembly even-tually would turn again to the Albanian Resolution after having passed a dual representation resolution, the intervening period would offer time to explore other possibilities for solution.

Disadvantages

(1)　The PRC would regard US advocacy of dual representation as just as hostile as our opposition to the Albanian Resolution. This would still be true, though to a slightly lesser extent, if the "Belgian Resolution" formula were used. Neither would brighten the prospect for an early improvement in our relations.

(2)　Passage probably would not be a final solution of the Chirep problem. The Albanian Resolution would continue to be tabled in subsequent Assemblies and would still have to be contested. If Peking continued to refuse to enter the UN on the basis of dual represen-tation, it is more likely that the Assembly would bow ultimately and pass the Albanian Resolution than that the PRC would eventually yield and come in.

(3)　The ROC would refuse at least initially to cooperate in any dual representation strategy, even if this were seen as the only way in which to preserve its UN status. A US decision to persist in the face of ROC opposition would seriously strain our bilateral relations. The ROC would threaten to, and might actually withdraw from the UN if a dual representation resolution were passed leaving the field open for PRC entry.

SECRET

SECRET

-38-

(4) Should a crisis in US-ROC relations occur we would also suffer the liability among some of our Asian allies of seeing ourselves accused of acting against the vital interests of an ally -- as it sees its vital interests.

B. Continuing on the Same Course

(1) Description

The course of action probably involving the least uncertainty is that of continuing our present concentration on seeking adoption of the IQ resolution and defeat of the Albanian Resolution, and discouraging introduction of and voting against other proposals (e.g., dual representation, "single-paragraph" resolutions, or phrase-by-phrase voting on the Albanian Resolution). Given the current trend in UNGA voting on Chinese representation and the expected increase in bilateral recognitions of Peking, this strategy is essentially a temporizing exercise which seeks to delay ultimate defeat. The attractiveness of this strategy must be judged not by the chances of its success, which are slight, but by its relative costs or advantages as compared with those of other policies.

(There is a related strategy which might be called "passive approach": we would maintain our present policy of co-sponsoring the IQ and voting against the Albanian Resolution, but we would neither vigorously press the one, nor vigorously oppose the other. This would be done on the assumption that since we are bound to fail, we should cut our losses and not commit too much prestige.)

(This approach has a number of major disadvantages, and upon reflection the advantage is seen as relatively small. In terms of our relations with the ROC, it would create almost as many problems as

SECRET

-39-

not fighting the Albanian Resolution at all; the ROC would view "the passive approach" as conspiring in their ejection from the UN, and thus as a breach of good faith. In addition, regardless of whether we exert ourselves much or little, the US is still clearly identified as the main protagonist of the policy of keeping Peking out and Taipei in. Rejection of the IQ and passage of the Albanian Resolution, even over only passive opposition from the US, would thus still be seen internationally and domestically as a serious American defeat. The loss of prestige therefore would be almost as great as if we had actively led the battle against the Albanian Resolution.)

(For these reasons, we see, on balance, no advantage in the "passive approach" (though we note that Peking would privately applaud such a decision) and will not consider it further.)

(2) Tactical Handling

If this strategy is to be successful in staving off defeat, we must either (1) prevent further erosion in support for the IQ, or (2) reverse the simple majority vote on the Albanian Resolution. We would need once again to undertake a vigorous and early effort in capitals if there is to be any hope for success even in the short term. With an active campaign we might be able to achieve adoption of the IQ in the 26th General Assembly; the prospects are dimmer for reversing the vote on the Albanian Resolution. Ultimately, and probably no later than 1972, the Albanian Resolution would pass.

We would be handicapped by the fact that a number of UN members now expect us to pursue a new course and are apt to be unsympathetic to what they would regard as American inflexibility. We would need to put great stress once again on the theme of opposition

⸫SECRET

-40-

to the expulsion of the ROC, rather than on opposi-
tion to Peking's entry, in arguing both against the
Albanian Resolution and against other proposals
that would have the same ultimate effect. This
strategy need not necessarily be inconsistent with
a universality posture, provided the latter is
broadly stated.

(3) Advantages

(a) Vigorous pursuit of this strategy
would be the most conducive to maintaining good US-ROC
relations, would appeal to several other Asian anti-
Communist allies, and would minimize foreign and domestic
criticism that the US had weakened in its support of
the ROC.

(b) In contrast to dual representation
or universality alternatives, this strategy would be
the least damaging in terms of evolving US-PRC relations.
Peking would not be surprised if we continued our present
strategy, might even prefer that we do so in the expec-
tation of our defeat, and would clearly prefer it to US
endorsement of a "two Chinas" proposal.

(c) In contrast to all other strategies,
this course of action, if it led to early passage of
the Albanian Resolution as is likely, would settle the
issue of who represents China in the UN once and for
all. After passage of the Albanian Resolution, Chinese
Representation in the UN would cease to be an outstanding
issue in US-PRC bilateral relations and would eliminate
the yearly expenditure of diplomatic capital required
to maintain UN status for the ROC.

(d) It has the fewest adverse implica-
tions, for the other "divided" states in the UN.

(4) Disadvantages

(a) Given current trends, the strategy
is likely to be of very short-term viability -- probably
not more than two years at best. It might even fail at
the next General Assembly.

Authority /MDOOʏ038
By EW/NARA Date 5-9-02

SECRET

-41-

(b) In the event the strategy failed,
it would result in substitution of the PRC for the ROC
throughout the UN system. Once expelled, it is extremely
doubtful that the ROC could be re-admitted to the UN
since Peking would exercise a veto in the Security
Council.

(c) In the absence of US support for
dual representation, states that strongly favor PRC
membership but oppose ROC expulsion may support or
acquiesce in the Albanian Resolution as the only means
of achieving PRC representation.

(d) PRC entry via the Albanian Resolution
would boost its prestige and be seen as a serious defeat
for the US attributed to inflexibility and unwillingness
to go with the times, with adverse effects on US pres-
tige abroad and domestic public opinion.

SECRET

資料來源：聯合報駐美特派員王景弘先生提供

附錄 二 蔣介石總統與墨菲特使會談紀要英文全文

TOP SECRET

SUMMARY RECORD OF A CONVERSATION
BETWEEN PRESIDENT CHIANG KAI-SHEK
AND MR. ROBERT D. MURPHY

President Chiang Kai-shek received Ambassador Robert D. Murphy, Personal Representative of President Richard M. Nixon, on April 23, 1971, at 4:00 p.m., at Sun Yat-sen Memorial Hall, Taipei. Also present were Foreign Minister Chow Shu-kai and James C. H. Shen, Ambassador-designate to the United States, who did the interpretation. Following is a summary of the conversation.

After the exchange of pleasantries, Mr. Murphy said in effect as follows: Certain problems have now arisen for the United States and the Republic of China concerning the United Nations. He said parenthetically that there are those who may have reservations regarding the effectiveness of that organization, and no doubt President Chiang is aware of that sentiment. The United States and the Republic of China, however, are now confronted with certain practical problems. The most important thing at the moment is to seek a common understanding between the two Governments. President Nixon has chosen Mr. Murphy to make this trip in order to have a personal, face-to-face exchange of views with the President without arousing too much attention. The problems today are not created by the United States but by the changing world situation and a developing international trend. It is President Nixon's sincere hope that the traditional friendship between the two governments long based on mutual trust will not be adversely affected by these problems. On the contrary, it behooves both governments to study together whether we should pursue the old strategy to cope with them or to find a new way out. Mr. Nixon seriously doubts the feasibility of maintaining the old formula. As a result of a very careful study, it is believed that shoul

; in using the old formula, we would encounter defeat in the
UN this year or, at the latest, next year. President Nixon, therefore, has
entrusted him to ascertain from President Chiang his opinion whether we
should maintain the original tactics or adopt a new approach so as to protect
the common interests of the United States and the Republic of China.

President Chiang asked whether President Nixon has already found a
new formula?

Mr. Murphy replied that President Nixon has given him to understand
that no final decision would be made before Mr. Murphy could visit President
Chiang and report back the results of this conversation.

President Chiang inquired whether the U.S. Government now has any
new proposal to make?

Mr. Murphy replied that in the past there were the Albanian Resolution
and the Important Question Resolution. The U.S. Government feels that due to
changing circumstances, if no new approach is devised, there is a serious
danger of the Albanian Resolution being adopted and the Important Question
Resolution being defeated.

President Chiang wanted to know what sort of a new approach one should
make?

Mr. Murphy said that so far no drafting work has been undertaken because
this would require a joint study by both governments. The general idea is to
replace the Important Question Resolution with a "dual representation" formula.
The new resolution might be prefaced by a statement in favor of the principle
of universality and then go on to propose a dual representation for China witho

TO SECRET

DECLASSIFIED
Authority EO 12958
By JWJ NARA Date 3-4-02 hich of the two contending parties is the sole representative of China, since this is an issue which will have to be solved by the two parti themselves. While supporting this new approach, the United States will continue to honor its treaty commitments and to provide military assistance to the Republic of China. It must be pointed out, however, this new propos when formally presented to the members of the U.N., must be a sincere effort to solve the Chinese representation question and not merely a gimmick. On the other hand, it could be that the Chinese Communist regime would not accept this new formula and would refuse to enter the United Nations.

President Chiang then asked what would happen to the Republic of China's seat in the Security Council.

Mr. Murphy said the new proposal will avoid this point so as to enable the ROC to retain its seat in the Security Council.

President Chiang said he understands what Mr. Murphy has just stated, but pointed out that one must realize that while the Chinese representation question seems to be primarily a political issue, there are also certain legal principles involved.

Mr. Murphy said that if President Nixon could have his way he would have preferred to make no change whatsoever in the present setup.

President Chiang said he could understand the pressure on President Nixon to do something different this year. Nevertheless, the U.N. is locate on American soil and the United States is a leading member of the organization If the U.N. Charter were to be tampered with, it would damage the world's respect for and confidence in the United States.

TOP SECRET

Murphy jokingly mentioned that certain members are in favor of
moving the U.N. away from the United States.

President Chiang went on to say that though he has not seen Mr. Murphy
for a number of years, he knows Mr. Murphy is the Republic of China's friend,
and he, therefore, proposed to discuss this matter with him frankly and
cordially.

Mr. Murphy assured President Chiang of President Nixon's very warm
friendship towards him. He was of the firm belief that Mr. Nixon will not
abandon a good friend of such a long standing.

President Chiang pointed out that from the legal point of view, the
Important Question Resolution should remain the principal instrument to bar
the admission of the Chinese Communists. Since the Peiping regime stands
condemned as an enemy of the U.N., any attempt to admit it into the organiza-
tion must be considered as an important question. Out of respect for the U.N
Charter, which requires countries to be peace-loving before they can be admit:
as members, the United States can justly maintain this stand. There is, of
course, strong opposition from other quarters, but we must not forsake the
sanctity of legal principles in order to appease Peiping.

Mr. Murphy lamented that if this principle should be carried to its log
conclusion, certain existing members would also have to be disqualified.

President Chiang affirmed that while other countries have violated the
principles embodied in the U.N. Charter, the United States, as the leader of
the free world, must not ever lose sight of them.

Mr. Murphy expressed regret that the United States for instance has to
tolerate a hostile member such as Cuba.

TOP SECRET

President Chiang said that thought he still considers the Important Question Resolution to be major instrument against the admission of the Chinese Communists, he would be willing to hear what views the United States may have on the subject since the United States, an ally, now anticipates difficulties in pursuing the same strategy as before.

Mr. Murphy said that the United States would prefer to maintain the status quo, but it must face certain realities including the establishment of diplomatic relations by eight more countries with the Peiping regime in recent months. (Indeed the first Chinese Communist ambassador has just arrive in Rome.) If the United States should choose to disregard this general trend, there is great danger of her going down in defeat together with the Republic of China on this issue. Mr. Nixon's position is that should the Republic of China insist upon using the old formula in the United Nations this fall, he would be prepared to go along. But Mr. Nixon is very anxious to know President Chiang's own views and to get his advice.

President Chiang said he felt that no matter whether the Important Question Resolution could be adopted or not, it must be introduced again. If the United States deems it necessary to propose a new approach, it must be so designed as to preserve both the Republic of China's membership in the General Assembly and her seat in the Security Council, because the two really are inseparable. If the Republic of China's seats in the General Assembly and in the Security Council are to be treated as two separate matters, the admission of the Peiping regime into the U.N. would render the Republic of China's continued presence in the U.N. untenable, because it would deprive the Republic of China's U.N. membership of any legal basis. In such an eventuality the Republic of China would find it impossible to remain in this world body.

Murphy said that according to the latest U.S. estimate, if the old tactics should be used again, the Important Question Resolution could be defeated perhaps by 48 (in favor) and 56 (against). Should this turn out to be the case, nothing could be done to forestall disaster for our two countrie If a new formula to protect the Republic of China's position is used, there is a good chance to defeat the Albanian Resolution again.

President Chiang observed that should the United States find it absolutely necessary to resort to a new approach, such a new approach must reaffirm the substance of the important question resolution and must not touch the ROC's seat in the Security Council. President Chiang stressed that yielding of the ROC's seat in the Security Council to the Peiping regime would undermine the legal foundation of the ROC's very existence. Such a humiliating situation would be against our national honor and tradition and would be, therefore, totally unacceptable.

Mr. Murphy reassured the President that any new formula would not involve ROC's seat in the Security Council.

At this moment Foreign Minister Chow Shu-kai interposed this question: What would the United States do if some other members should raise the issue of the Security Council seat?

In reply, Mr. Murphy said that the new proposal which the United States is going to back will be so worded as to secure the support of the largest number of member states. The United States certainly has no intention, under the circumstances, of making it possible for Peiping to be seated in the Security Council. Furthermore, many member countries, some of them in Europe, would be satisfied once Peiping is granted membership in the General Assembly only, and would not actively advocate a seat in the Security Council for Peipi

In such an event, Mr. Murphy's guess is that the Peiping regime would reje.
the invitation and the onus would then be entirely on that regime itself.

President Chiang expressed his belief that it is no part of Presider
Nixon's policy to damage the position of the ROC. On the condition that th
ROC's seat in the Security Council remains intact, President Chiang would b
prepared to discuss with President Nixon such a new formula as the United
States now seems to have in mind.

Here Minister Chow Shu-kai interposed another question: Is it
envisaged that the substance of the Important Question Resolution will be
incorporated into the new formula?

Mr. Murphy explained that this is possible and probable. But the new
formula should not be made to appear as only a gimmick. He stated further
he knows that any new formula would not be to President Chiang's liking.
But under the circumstances, there is no other way to deal with the question
of the Peiping regime and the U.N. His guess is that the Chinese Communists
would not accept the new formula.

President Chiang said he also tended to believe that if the Security
Council seat is denied to the Peiping regime, it is possible that the latter
would refuse to enter the U.N. But if the Security Council/Seat should be given to
Peiping, then it would be difficult to predict what would be Peiping's
response.

Mr. Murphy said it must be realized that this new trial involves
certain risks. But time is running short and is not necessarily in our favor

President Chiang then summed up his views as follows:

From the standpoint of the Republic of China, we hope the
Important Question Resolution can still be resorted to this year.

(2) If the United States should see difficulties ahead, the ROC
would do nothing to stop her from suggesting a new formula provide
that this new formula would not cause any serious damage to the RO

(3) Any new formula which endorses the U.N. General Assembly's
acceptance of the Peiping regime is damaging enough to the ROC,
even if Peiping does not come in.

(4) The new formula must by all means protect the ROC's seat in the
Security Council in order to preserve the ROC's basic position
and the integrity of the Charter.

(5) Should any other country try to amend the new resolution by includ-
ing the ROC's seat in the Security Council, the United States must
do its utmost to thwart such an attempt.

Mr. Murphy assured the President that the United States will insist on
the adoption of the text in toto as supported by the United States without any
amendment.

President Chiang expressed the strong hope that if a new resolution is
to be introduced the United States should not be one of the sponsors.

Mr. Murphy said that Mr. Nixon himself does not want the United States
to be an official sponsor. But this question of sponsorship may have to be
decided by our common assessment with a view to facilitating the passage of
the resolution.

President Chiang said that while it is the hope of the ROC not to see the
United States as one of the official sponsors, he would leave it to the U.S.
Government to weigh all the pros and cons.

. Murphy reiterated that the United States really does not like this kind of new formula, but it must find a way out to solve this question.

President Chiang reemphasized the inseparability of the ROC's seats both in the General Assembly and in the Security Council. Should the ROC's seat in the Security Council be taken away, then the ROC would have no choice but to act according to the Chinese proverb, "rather be a jade broken than an earthen tile intact".

Mr. Murphy jokingly commented that if we, under the old formula, should encounter defeat, then the jade would really be broken.

President Chiang said that he is fully aware of the consequences, but our legal stand and moral traditions would not allow us to coexist with the rebel regime in the U.N.

Mr. Murphy advanced the view that in his personal opinion even the United States herself, in such an eventuality, should not care too much about the U.N. membership.

President Chiang expressed his regret that the nature of U.N. has already changed so much. If the Chinese Communist regime were to be admitted the seriousness of the consequences could not be overstated.

Mr. Murphy recalled what had transpired in the Cairo Conference which President Chiang attended. It is Mr. Murphy's observation that the late President Franklin D. Roosevelt had pinned excessive hope on the U.N. and this had failed to materialize. In connection with the condemnation of the Chinese Communist regime by the U.N. for its role in the Korean War mentioned earlier by President Chiang, the United States, because of the heavy casualities she suffered in that war, was indeed a direct victim of that crim resident Chiang made the observation that in the case of Korea the crime committed by the Peiping regime was greater than that of the Soviet Union.

Mr. Murphy said on top of that the Chinese Communists are still attacking the U.N. and the United States.

President Chiang pointed out that even after the visit of the Americ ping pong team to the Chinese mainland, the Peiping regime has not abated its attack on the United States. It is Peiping's deliberate attempt to dri a wedge between the American people and their Government.

Mr. Murphy said that Peiping has by now almost exhausted its vocabul: of vectives for use in its propaganda against the United States.

President Chiang recalled how certain quarters in the United States were pleased when Peiping did not attack Secretary of State William Rogers during his stop-over to Hongkong two years ago. President Chiang considered this kind of attitude as merely an illusion.

Mr. Murphy said in jest that perhaps at that time the Chinese Communists did not know who was Mr. William Rogers. Peiping has issued several hundred warnings against the United States since the Vietnam War began. The United States really has no illusion about the Chinese Communist intentions. Mr. Murphy wished to know what is President Chiang's assessment of the sudden change of attitude on the part of the Chinese Communists?

President Chiang said it is his belief that this may have been due to (1) Peiping's desire to gain entry into the U.N. and (2) its wish to play off the United States against the Soviet Union in order to reduce the Russian pressure on itself.

r. Mu. / wondered whether by "pressure the President had meant
.... pressure, because the Soviet Union is now known to have deployed
41 divisions along the Sino-Soviet border areas.

President Chiang made the observation that while armed clashes may
occur between Communist countries it does not follow that force on a really
large scale will necessarily be used between the Soviet Union and the Peiping
regime.

Mr. Murphy mentioned the 23 divisions which the Soviet Union and
several Eastern European countries used against Czechoslovakia two years ago
There must be some significance since the Russians now have 41 divisions alon
the Chinese mainland border.

Finally, President Chiang requested Mr. Murphy to transmit the follow
message to President Nixon. In President Chiang's opinion, the various over-
tures Washington has made to placate Peiping have reached a maximal limit,
beyond which any further steps would bring disasters. As a good friend of
President Nixon's, it is his wish to be very candid at all times. Frankly
speaking, this time he was quite surpised when Mr. Nixon suggested for his
daughter, Tricia, and her future husband to spend their honeymoon on the
Chinese mainland and even expressed a desire to visit the mainland himself.
If the United States does not put a stop to its concessions to the Peiping
regime, eventually Peiping might get into not only the U.N. General Assembly
but also the Security Council. Should the ROC one day leave the U.N., the
world would know that she has been forced out not by the Communists, but by
the United States.

Mr. Murphy said he regretted that the American younger generation
nowadays is at times innocent and uninformed. The older generation has had
experiences concerning Russia and the Chinese Communist regime. But unfor-
tunately the youngsters dod not have such personal knowledge. They are

; and eager to change everything. They urge more people-to-people contacts with the Chinese Communists. He was not aware that Tricia had commented but others of her age are samples of this younger generation.

President Chiang felt that such thinking and such behaviour will have serious repercussion. But, of course, this is merely a chit-chat between friends.

Mr. Murphy pointed out that the population of the United States is becoming younger every year. Very soon 50% of the voters will be below the age of 25. And they all clamor for change. The same thing is occurring in Europe. He recalled that during his visit to Rumania in November 1970, the President of Rumania spent half an hour criticising the United States' opposition to Peiping's admission into the U.N. This criticism was, of cour: occasioned also by Rumanian dislike of the Soviet Union and by Peiping's assistance to Bucharest.

By now the conversation between the President and Mr. Murphy had lasted well over one and a half hours. Mr. Murphy said that in order to keep the contents of this conversation known to as few people as possible, he woul not send any written message from the American Embassy in Taipei but would instead report to President Nixon in person upon his return to Washington.

The question of the drafting of the new proposal came up at this junc! Mr. Murphy inquired whether the two Governments should not appoint a small working group to undertake this task. Both the President and Minister Chow Shu-kai thought that the drafting should be done by the U.S. side alone and that the Chinese side would comment on the text whenever it is ready for discussion. As to the future channels of communication on this matter,

TOP SECRET

TOP SECRET

President Chiang suggested that the Chinese Permanent Representative to the
U.N. and the Chinese Ambassador in Washington could be designated to follow
up this question with the United States designee or designees. Mr. Murphy
hoped that this contact should be confined to as few persons as possible
and suggested that the Chinese Ambassador be the channel in Washington.

Mr. Murphy took his leave from President Chiang, and asked to have
his high regards conveyed to Madame Chiang. President Chiang thanked
Mr. Murphy for his visit, asked him to convey warm personal regards from
both Madame Chiang and himself to President and Mrs. Nixon, and also
wished Mr. Murphy a very pleasant sojourn in Taipei.

(FINIS)

TOP SECRET

資料來源：聯合報駐美特派員王景弘先生提供

國家圖書館出版品預行編目

中華民國在聯合國的最後日子：一九七一年台
北接受雙重代表權之始末 / 涂成吉著. -- 一
版. -- 臺北市：秀威資訊科技, 2008.08
　　面； 公分 . -- (社會科學類；AF0086)
參考書目：面
ISBN　978-986-221-057-4

1. 聯合國代表權　2. 中華民國

642.5　　　　　　　　　　　　　97014719

社會科學類　AF0086

中華民國在聯合國的最後日子
——一九七一年台北接受雙重代表權之始末

作　　者 / 涂成吉
發 行 人 / 宋政坤
執行編輯 / 賴敬暉
圖文排版 / 黃莉珊
封面設計 / 蔣緒慧
數位轉譯 / 徐真玉　沈裕閔
圖書銷售 / 林怡君
法律顧問 / 毛國樑　律師
出版發行 / 秀威資訊科技股份有限公司
　　　　　台北市內湖區瑞光路 583 巷 25 號 1 樓
　　　　　電話：02-2657-9211　　傳真：02-2657-9106
　　　　　E-mail：service@showwe.com.tw

2008 年 8 月 BOD 一版
定價：210 元

讀者回函卡

感謝您購買本書，為提升服務品質，請填妥以下資料，將讀者回函卡直接寄回或傳真本公司，收到您的寶貴意見後，我們會收藏記錄及檢討，謝謝！如您需要了解本公司最新出版書目、購書優惠或企劃活動，歡迎您上網查詢或下載相關資料：http:// www.showwe.com.tw

您購買的書名：_____

出生日期：_____年_____月_____日

學歷：□高中 (含) 以下　　□大專　　□研究所 (含) 以上

職業：□製造業　□金融業　□資訊業　□軍警　□傳播業　□自由業
　　　□服務業　□公務員　□教職　　□學生　□家管　　□其它____

購書地點：□網路書店　□實體書店　□書展　□郵購　□贈閱　□其他

您從何得知本書的消息？

　□網路書店　□實體書店　□網路搜尋　□電子報　□書訊　□雜誌
　□傳播媒體　□親友推薦　□網站推薦　□部落格　□其他_____

您對本書的評價：(請填代號　1.非常滿意　2.滿意　3.尚可　4.再改進)

　封面設計____　版面編排____　內容____　文／譯筆____　價格____

讀完書後您覺得：

　□很有收穫　□有收穫　□收穫不多　□沒收穫

對我們的建議：_____

_____

_____

_____

11466
台北市內湖區瑞光路 76 巷 65 號 1 樓

秀威資訊科技股份有限公司 收

BOD 數位出版事業部

....

（請沿線對折寄回，謝謝！）

姓　　名：＿＿＿＿＿＿＿＿＿　年齡：＿＿＿＿＿　性別：□女　□男

郵遞區號：□□□□□

地　　址：＿＿＿＿＿＿＿＿＿＿＿＿＿＿＿＿＿＿＿＿＿

聯絡電話：(日) ＿＿＿＿＿＿＿＿＿　(夜) ＿＿＿＿＿＿＿＿＿

E-mail：＿＿＿＿＿＿＿＿＿＿＿＿＿＿＿＿＿＿＿＿＿